Mein erstes großes Buch vom
MALEN
UND ZEICHNEN

Elisabeth Waters, Annie Harris, Jude Welton
Tate-Gallery-Berater: Colin Grigg

Ein Dorling Kindersley Buch
www.dk.com

Titel der englischen Originalausgaben:
TATE GALLERY: Drawing – A Young Artist's Guide
Autor: Jude Welton
Fachberatung Tate Gallery: Colin Grigg
ROYAL ACADEMY OF ARTS: Painting – A Young Artist's Guide
Autoren: Elizabeth Waters & Annie Harris

Layout: Nicky Webb
Fotografie: Dave King
Grafik: Coral Mula

Aus dem Englischen von Philip Stuhlmann, Anita König und Gertraud Meedt

Genehmigte Lizenzausgabe als Sammelband für

paletti,

ein Imprint der Verlag Karl Müller GmbH, Köln 2004
www.karl-mueller-verlag.de

Druck: Eurografica
Printed in: Italy

ISBN: 3-8336-0136-1

Inhalt

Einführung in die Malerei

Die Menschen haben die Malerei bereits seit prähistorischer Zeit genutzt, um auszudrücken, was sie fühlen und wie sie die Welt sehen. Farbe ist ein anregendes Ausdrucksmittel. Es gibt noch andere Möglichkeiten, Kunstwerke zu schaffen, wie z. B. durch Zeichnen oder Bildhauerei; doch dieses Buch beschäftigt sich nur mit Malerei. Jede Doppelseite geht auf einen Aspekt der Malerei ein, wie z. B. Farbe, Form oder Komposition, und ermuntert dich, in deiner Umgebung und in den Werken anderer Künstler danach Ausschau zu halten.

Höhlenmalerei

Die steinzeitlichen Jäger zeichneten Tiere, auf die sie Jagd machten, mit Holzkohle auf die Höhlenwände und malten die Umrisse mit Erdfarben aus. Sie hofften, diese Abbildungen würden sie auf magische Weise bei der Jagd unterstützen.

Angreifender Bison
Höhlenmalerei in Altamira, Spanien, ca. 8000 v. Chr.

Besuch von Galerien

In diesem Buch können wir nur Fotos von Gemälden zeigen. Wenn du die Originale sehen möchtest, mußt du in Museen und Galerien gehen. Dabei wirst du oft erstaunt feststellen, daß sie sich ganz erheblich in Größe, Farbe und Struktur von der Vorstellung unterscheiden, die du dir von ihnen nach den Fotos gemacht hast.

PIERO DELLA FRANCESCA
Geburt Christi, um 1472

Von anderen Künstlern lernen

In diesem Buch zeigen wir dir Bilder von Künstlern aus verschiedenen Epochen und Ländern. Versuche einmal, eine Skizze von einem der Gemälde zu machen, um es besser zu verstehen oder dich zu einem eigenen Werk anregen zu lassen. Unten siehst du ein Bild, das fünf Kinder (9 Jahre) nach Piero della Francescas *Geburt Christi* gemalt haben.

Bilder betrachten

Wenn du dir in einer Galerie ein Bild ansiehst, entdeckst du vielleicht manches, was es mit anderen Bildern verbindet. Je genauer du es betrachtest, desto mehr wirst du entdecken.

STUART, DENZAL, MICHELLE, JESSICA, GRAHAM, DANIEL *Geburt Christi, 1993*

Ideen für Bilder

Auf jeder Seite findest du Gemälde, Skizzen, praktische Übungen und Motive für Bilder. Ganz gleich, ob du nun ein Bild malen willst, das wie ein Fenster den Blick auf eine „tatsächliche" Szene freigibt oder ein abstraktes Werk, das nur von der Pinselführung und der Farbe lebt, dieses Buch bietet eine Fülle von Ideen zum Ausprobieren.

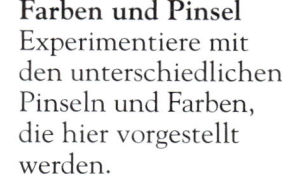

Einfälle sammeln

Auf einigen Seiten dieses Buches findest du Beispiele für Bildmotive. Sammle Einfälle, Ideen aber auch Gegenstände, die dich zu Bildern inspirieren können.

Farben und Pinsel

Experimentiere mit den unterschiedlichen Pinseln und Farben, die hier vorgestellt werden.

Schritt für Schritt

Du findest Fotos, die die Entstehung eines Bildes schrittweise zeigen, aber auch praktische Anleitungen und Tips dazu. Nutze diese Anleitungen als Ausgangspunkt für deine ersten Malversuche.

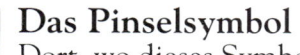 **Das Pinselsymbol**
Dort, wo dieses Symbol steht, findest du einen Malvorschlag zum Ausprobieren oder ein Motiv für ein Bild. Und wenn du dazu noch Anregungen von vorangegangenen Seiten einzubeziehst, wirst du bald Vertrauen in deine Fähigkeiten gewinnen.

Neue Ideen

Die unterschiedlichsten Dinge können dich auf neue Ideen für Farben, Formen, Muster und Strukturen bringen und deine Phantasie beflügeln.

ELIZABETH (9 Jahre) *Papagei, 1993*
Halte Ausschau
nach farbenprächtigen Motiven.

Auf eigene Faust

Ganz gleich, ob du ein Bild in Öl oder mit Plakatfarben auf eine Wand oder auf ein Stück Papier malst, es geht immer nur darum, eine Fläche so zu gestalten, wie es dir gefällt. Es gibt keine richtige oder falsche Art zu malen. Auch wenn du und ein Freund das gleiche Motiv gewählt habt, werden eure Bilder völlig verschieden sein, weil jeder von euch die Dinge auf seine Weise sieht.

HELEN (9 JAHRE)
Mein Zimmer, 1993
Vergleiche die Bilder
der beiden jungen
Künstlerinnen.

LILLY (9 Jahre) *Mein Zimmer, 1993*
Wie würdest du dein Zimmer malen?

Die Palette

Die meisten Farben, die Künstler heute benutzen, sind seit Jahrtausenden bekannt. Farbe wird aus Pigmenten (pulverisierte Farbstoffe) hergestellt, die anorganischer (Steine, Erde), organischer (Pflanzen, Früchte, Insekten, Meeresfrüchte) oder synthetischer (Chemikalien) Herkunft sein können. Man zermahlt die Pigmente zu einem feinen Pulver, das mit einer Flüssigkeit, wie zum Beispiel Öl oder Wasser, verrieben wird. Früher gehörte es zu den Aufgaben der Schüler eines Malers, die Farben herzustellen. Seit dem 19. Jahrhundert wird Farbe in Tuben angeboten. Unten findest du einige Beispiele für verschiedene Arten von Farbe und eine Auswahl der Farben, die man heute kaufen kann.

Daumenloch
Die Palette hält man, indem man den Daumen von unten durch das Loch in der Mitte steckt.

Monets Palette
Dies ist die Palette des Impressionisten Claude Monet. Er verwendete die neuen, leuchtstarken Farben, die du auf der Palette erkennst.

Herstellung von Ölfarbe

1 Als Grundstoff benötigt man eine Substanz, wie z.B. Zinnober, aus der man das Pigment Zinnoberrot gewinnt.

2 Das Pigment wird entweder maschinell oder von Hand mit Reibschale und Pistill zu einem feinen Pulver verrieben.

3 Dem Pigmentpulver setzt man als Bindemittel Öl zu und verarbeitet die Masse auf einer Glasplatte mit einem Spachtel zu einer geschmeidigen Paste.

4 Wenn Pigment und Bindemittel gut vermischt sind, wird die Farbe in Tuben gefüllt oder auf eine Palette gegeben und ist fertig für den Gebrauch.

Farbarten

GIOVANNI BOCCACCIO *Die Malerin und ihr Lehrling*
Dieses Bild aus einer Handschrift des 15. Jahrhunderts zeigt eine Künstlerin an der Staffelei, während ihr Lehrling Farbe anreibt. Beachte die Palette aus Tierhaut und die in Muscheln aufbewahrten Farben.

Aquarellfarben
Diese Farben sind in Tuben oder Näpfchen erhältlich. Die Pigmente werden zu feinstem Puder zerrieben und mit Gummiarabikum vermischt. Mit Wasser verdünnt sind Aquarellfarben transparent.

Gouachefarben
Den Gouachefarben sind weiße Füllstoffe hinzugesetzt, die die Farbe deckend machen.

Plakatfarben
Dies sind billige, gouacheähnliche Farben, die mit Wasser verdünnt werden.

Tuschen
Tusche ist transparent. Es gibt sie in den schönsten Farben, leider verblassen sie mit der Zeit.

Acrylfarben
Acrylfarben lassen sich dick oder mit Wasser verdünnt auftragen. Sie trocknen sehr schnell.

Ölfarben
Ölfarben werden mit Terpentin oder Terpentinersatz gelöst. Ölfarben gibt es sowohl deckend als auch transparent.

Goldenes Barockrot Die satte, leuchtendrote Farbe mit dem poetischen Namen wird aus organischen Pigmenten hergestellt.

Ocker ist eine Erdfarbe, die aus eisenhaltigem Ton gewonnen wird.

Grüne Erde gehört auch zu den Erdfarben und wird aus eisen- und manganhaltigem Ton hergestellt.

Umbra gebrannt ist eine Erdfarbe. Sie entsteht durch Brennen von Umbra Natur, einer Farbe, die aus Ton hergestellt wird.

Indigo ist das Pigment, das man zum Färben von Jeans benutzt. Früher stellte man diese Farbe aus Pflanzen her, heute gewinnt man sie aus Teer.

Purpurrot ist eine neuere Farbe, die man aus Färbstoffen herstellt. Sie weist einen bläulichroten Ton auf.

Ägyptische Mumie nannte man das Pigment aus zermahlenen Mumien. Als die Maler herausfanden, woraus die Farbe bestand, hörten sie bald auf, sie zu verwenden.

Ultramarin ist eine blaue Farbe, für die man früher den Halbedelstein Lapislazuli verwendete. Heute wird sie synthetisch hergestellt.

Neapelgelb ist eine bleihaltige Farbe und daher sehr giftig.

Zinnoberrot wurde früher aus zerriebenem Zinnober gewonnen, heute benutzt man Chemikalien für die Herstellung.

Tyrus-Purpur stellte man aus zerstoßenen Wellhornschnecken her. Mit diesem teuren Pigment färbte man im römischen Reich die Roben der Kaiser ein.

Rebenschwarz erhält man durch Verbrennen von Weintrester.

Siena Natur ist eine Erdfarbe aus eisenhaltigem Ton, den man in der Gegend von Siena, Italien, fand.

Siena gebrannt ist gebrannte Siena Natur.

Indischgelb ist die Bezeichnung eines Pigments, das aus Indien stammte. Es wurde durch Erhitzen des Urins von Kühen hergestellt, die man mit Mangoblättern gefüttert hatte.

Malachitgrün ist ein seit langem bekanntes Pigment, das immer noch verwendet wird. Man gewinnt es aus Grünspan.

Preußischblau ist ein sehr ausgeprägtes, grünstichiges Blau.

Lampenschwarz wird aus Ruß gewonnen, der entsteht, wenn man Öl oder Fett verbrennt. Dieses Pigment ist seit vielen Jahrhunderten bekannt.

Cölinblau, ein leuchtendes Himmelblau, wird aus einem Mineral hergestellt.

Krapprot ist ein rubinrotes Pigment, das aus der Krapppflanze gewonnen wird.

Drachenblut ist der Name eines Pigments, das man früher aus den Beeren des Drachenbaumes gewann. Lange Zeit glaubten die Menschen, diese Farbe enthielte tatsächlich Drachenblut.

AQUARELL · GOUACHE · ACRYL · ÖL

Alte und neue Farben
Viele der Farben haben ungewöhnliche Namen. Oft sind sie nach der Pflanze, dem Gestein, dem Mineral, dem Tier oder dem Ort benannt, von dem sie stammen. Wenn man zu den Farben etwas Weiß hinzugibt, werden sie heller.

Arbeiten mit Ölfarben
Wenn du mit Ölfarben arbeitest, brauchst du diese beiden Flüssigkeiten:

Terpentin oder Terpentinersatz
Damit reinigt man Pinsel. Vorsicht: giftig!

Leinöl
Damit kannst du Ölfarbe verdünnen.

Ausrüstung
Folgendes solltest du griffbereit haben, bevor du zu malen anfängst:

Wasser
Wasser verwendet man mit allen Farben außer mit Ölfarben. Achte immer darauf, daß das Wasser sauber ist.

Stofflappen
Sie sind ganz wichtig. Bevor du eine neue Farbe verwendest, solltet du den Pinsel gründlich waschen und damit trocknen.

Paletten
Du kannst die Farben auf einer Palette oder einem Teller mischen.

Schürze
Trage beim Malen eine Schürze oder ein altes Hemd, um deine Kleidung zu schützen.

Geräte, Pinsel und Papier

Es gibt viele Möglichkeiten, Farbe aufzutragen, und die verschiedensten Oberflächen, auf denen man arbeiten kann. Je nachdem, was für eine Art von Farbe du anwendest, brauchst du andere Pinsel und Papiersorten.

Schrankpapier von der Rolle

Pinsel

Laß dir beim Aussuchen der Pinsel Zeit und lege dir nach und nach eine Sammlung davon an (die Nummern auf den Pinseln geben ihre Stärke an). Probiere aus, was du alles mit den Pinseln machen kannst – schwungvolle Striche ziehen, kurze Tupfer setzen, flach wischen, trocken schmieren, in alle Richtungen streichen, gerade und gewellt. Unten zeigen wir eine Auswahl von Pinseln, die du ausprobieren kannst.

Eine Auswahl an Pinseln

Flachpinsel

Katzenzungenpinsel

Rundpinsel

Marderhaarpinsel

Chinesischer Pinsel für Tusche

Guter Pinsel mit gleichmäßig starken Borsten

Schlechter Pinsel mit abstehenden, ungleichmäßigen Borsten

Pinselpflege

Laß die Pinsel nicht zu lange in Wasser oder Terpentin stehen, sonst verlieren die Borsten ihre Form. Säubere die Pinsel nach jeder Benutzung.

Papier

Die Papierart, die du verwendest, kann die Wirkung deines Bildes beeinflussen. Probiere dünnes, dickes, getöntes, feines, rauhes und handgeschöpftes Papier aus. Nimm aber kein glänzendes Papier, denn nasse Farbe haftet nicht darauf. Für Aquarelle brauchst du eine besondere, leicht rauhe Papiersorte, die die Farbe gut aufsaugt. Schrankpapier eignet sich für großflächige Bilder.

Papiersorten

Packpapier

Reispapier

Blaugetöntes Papier

Rotes Zeichenpapier

Aquarellpapier

Handgeschöpftes Papier

Nützliche Malgeräte

Schwamm
Verwende einen Schwamm, um Wasserfarben abzunehmen oder dicke Farbe aufzutragen.

Malerrolle
Kleine Rollen eignen sich für einen breiten Farbauftrag.

Flächenstreicher
Eignet sich für großflächiges Malen mit Acryl- und Wandfarben.

Leinwand

Die meisten Ölgemälde werden auf eine Leinwand gemalt. Das ist ein Stück Leinen- oder Baumwolltuch, das über einen Keilrahmen oder ein Brett gespannt und mit einer Grundierung, dem Malgrund, versehen wird.

Keilrahmen
Das ist die Rückseite eines bespannten Keilrahmens. Die Leinwand ist mit Nägeln an den Holzleisten befestigt.

Dein Atelier

Zum Malen brauchst du viel Licht und Platz. Wenn du keine Staffelei besitzt, tut es auch ein Tisch oder der Fußboden

Zeitungspapier
Decke den Boden oder den Tisch an deinem Arbeitsplatz mit Zeitungspapier ab.

Wasser
Stelle das Wasser auf die linke Seite, wenn du Linkshänder bist, aber auf die rechte, wenn du Rechtshänder bist.

Das Künstleratelier

Dieses Foto vom Atelier des englischen Malers Frank Auerbach zeigt eines seiner Ölgemälde in der Entstehung. Dicke Pinsel und mehrere Farbtöpfe stehen in Reichweite der Staffelei. An der Wand hängt das Foto eines Werkes von einem seiner Freunde.

Staffelei
Das Gemälde befindet sich auf einer großen Staffelei, die sich über eine Kurbel in der Höhe verstellen läßt.

Skizzen
Die meisten Skizzen an der Wand und im Skizzenblock sind Vorarbeiten und Entwürfe für das Gemälde.

MUTIPUY VOM STAMM DER DJAPU: *Titel unbekannt, 1973*

Der australische Künstler Mutipuy vom Stamm der Djapu malte dieses Bild von Fischen und Krokodilen auf Baumrinde. Viele moderne Künstler der Ureinwohner verwenden noch heute Rinde als Untergrund. Ihre Bilder befassen sich fast ausschließlich mit ihrem Land und ihren Vorfahren. Mutipuy hat hier eine alte Gottheit, das Krokodil, dargestellt.

Die Welt der Farben

Reine, leuchtende Farben beleben unsere Welt. In der Natur ziehen Früchte, Blumen, Regenbögen, tropische Fische und Vögel durch ihre Farbenpracht unsere Aufmerksamkeit auf sich. Aber auch die Menschen nutzen Farbe als Blickfang – denke an Kleidung, Verkehrsampeln und Werbung. Farben so zu mischen, daß genau der gewünschte Farbton entsteht, ist eine der wichtigsten handwerklichen Fähigkeiten, die ein Maler erlernen kann. Wußtest du, daß man die meisten Farben aus Rot, Gelb und Blau mischen kann?

Sekundärfarben mischen

Sekundäre Farbtöne
Du kannst viele Orangetöne erzielen, indem du unterschiedlich viel Rot und Gelb miteinander mischst.

Der Farbkreis
Der Farbkreis hilft uns, Farben besser zu verstehen und zu begreifen, wie sie einander beeinflussen. Rot, Gelb und Blau nennt man Primärfarben, weil sie aus keinen anderen Farben gemischt werden können. Orange, Grün und Violett hingegen sind die Sekundärfarben, die man aus jeweils zwei Primärfarben mischt.

Primärfarben
Rot, Gelb und Blau sind die Primärfarben.

Sekundärfarben
Eine Sekundärfarbe – Grün, Orange und Violett – entsteht durch Mischen der beiden Primärfarben, die sich im Farbkreis neben der Sekundärfarbe befinden.

Versuche eine Sekundärfarbe aus zwei Primärfarben zu mischen. Reinige den Pinsel und trockne ihn mit einem Papiertuch oder Lappen ab, bevor du eine neue Farbe mischst.

Komplementärfarben
Komplementärfarben sind die Farbenpaare Rot und Grün, Orange und Blau, Gelb und Violett.

Komplementäre und harmonierende Farben
Jede Farbe des Farbkreises hat eine Komplementärfarbe, die ihr genau gegenüber liegt. Trägt man zwei Komplementärfarben nebeneinander auf, ergibt sich ein starker Kontrast, und beide Farben wirken leuchtender. Farben, die ein gemeinsames Pigment haben, wie z.B. Blau und Grün, nennt man harmonierende Farben, weil sie ineinander überzugehen scheinen, wenn man sie nebeneinander aufträgt.

EDWARD LEAR *Der rotgrüne Ara, 1831*

Dieses Aquarell des englischen Malers und Humoristen Edward Lear zeigt eine detaillierte Studie eines Ara und macht deutlich, mit welchem Geschick der Künstler die Farben mischte, um die leuchtenden Farben des Gefieders zu treffen.

Nebeneinander
Betrachte diese drei Farbenpaare. Ein Tupfer des gleichen orangen Farbtons befindet sich in der Mitte eines blauen, eines gelben und eines roten Ringes. In welchem Ring erscheint das Orange am intensivsten? Warum ist dies so?

ANDRÉ DERAIN *Boote im Hafen von Collioure, 1905*

In diesem Gemälde verwendete der französische Künstler Derain Primär- und Sekundärfarben, um die Hitze und das grelle Licht in einem südfranzösischen Hafenstädtchen spürbar zu machen, statt die Farben aufzutragen, die er tatsächlich sah. Die Menschen waren so empört über diese unnatürlichen Farben, daß sie Derain und andere französische Künstler, die so malten, „Fauvisten" nannten (wilde Tiere).

Farben erforschen
Sammle Dinge in den Farben des Farbkreises, ordne sie an und beobachte, auf welch vielfältige Weise die Farben sich gegenseitig beeinflussen. Hast du Objekte mit komplementären oder harmonierenden Farben nebeneinander gelegt?

Farbkontraste
Diese Schwertlilie hat violette und gelbe Blütenblätter. Kannst du andere Komplementärfarbenpaare in diesem Stilleben entdecken?

Farbharmonie
Gruppiere die Gegenstände nach harmonierenden Farben und versuche dann, Farben zu mischen, die den verschiedenen Farbtönen entsprechen.

Ein Stilleben malen

Male die dekorativ angeordneten Dinge und fülle dabei das Blatt Papier bis zum Rand aus. Mische reichlich Farbe und versuche, die Farben der Dinge möglichst genau zu treffen.

Farbe und Licht

Je länger du malst und beobachtest, desto mehr wirst du erkennen, daß die Farben, die du siehst, von der Menge des einfallenden Lichtes abhängen. Stelle einen leuchtend bunten Gegenstand in die Nähe eines Fensters. Siehst du, wie er in Bereiche von Licht und Schatten aufgeteilt wird und daß dies die Farben verändert? Diese geringfügigen Farbveränderungen nennt man Farbtöne. Es gibt viele Möglichkeiten, Licht und Schatten zu malen. Hier zeigen wir dir einige davon.

Male die Farben, die du siehst

Du kannst versuchen, die helleren und dunkleren Farbtöne zu mischen. Doch zuerst brauchst du eine Farbe, die dem Grundton des Gegenstandes entspricht.

1 Um einen helleren Ton zu erhalten, mische nach und nach etwas Weiß unter den Grundton. Sobald er dem Farbton im hellen Bereich entspricht, trage ihn auf dein Bild auf.

2 Um einen dunkleren Ton aus der Grundfarbe zu erhalten, füge nach und nach etwas von seiner Komplementärfarbe hinzu, bis du den Farbton des dunkleren Bereichs getroffen hast.

Die Farbskala

Hier siehst du eine Reihe von Farbskalen, die helle und dunkle Töne jeder der Farben des Farbkreises zeigt. Solche Farbtöne kannst du mischen, indem du immer höhere Anteile von Weiß oder der jeweiligen Komplementärfarbe (sparsam) zu einer Farbe dazugibst. Farbtöne unterscheiden zu lernen, braucht viel Zeit und Übung, aber das folgende Spiel kann dir dabei helfen.

Das Farbskalenspiel
Welches ist das hellste Grün in der Skala? Suche in den anderen Skalen die Farbtöne mit der gleichen Helligkeit. Versuche so viele Farbtöne wie möglich zuzuordnen.

Licht hellt auf
Eine Farbe ist dort am hellsten, wohin das meiste Licht fällt.

Blick hinein
Hier fällt das Licht in das Innere des Kruges und zeigt, daß er hohl ist.

Grundton
Der Grundton ist der Ton, der der tatsächlichen Farbe des Gegenstandes am ehesten entspricht.

Schatten
Eine Farbe ist dort am dunkelsten, wohin am wenigsten Licht fällt.

Wölbung
Die Veränderungen des Lichtes auf dem Krug zeigen an, daß er bauchig und hohl ist.

Farben bei Tageslicht

Dieser gelbe Krug wurde neben ein Fenster gestellt. Der Schnabel zeigt zum Licht. Beachte die hellen und die schattigen Bereiche und die Farbänderungen, die damit einhergehen.

Abtönen
Fügt man der Farbe Gelb etwas Violett hinzu, erhält man einen dunkleren Gelbton.

Komplementärschatten

Achte einmal darauf, wie Renoir Blau und die Komplementärfarbe Orange einsetzt, um den schattigen Waldweg in seinem Gemälde *Die Schaukel* (rechts) darzustellen.

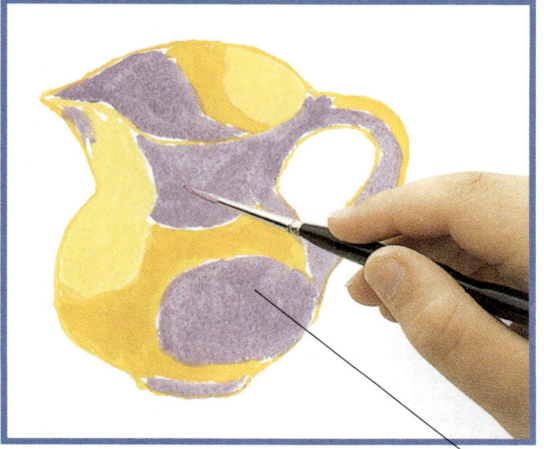

Nicht gemischte Schattentöne

Male den Gegenstand erneut und verwende diesmal nur die Komplementärfarbe für die dunkleren Bereiche. Probiere diese Methode auch einmal aus, wenn du draußen malst, so wie es Renoir getan hat.

Tips für den Farbton

Verwende einen Farbton der Komplementärfarbe, der in der Helligkeit dem des Grundtons entspricht. Nimm die Farbskala zu Hilfe, um die Farbtöne zu bestimmen.

Nebeneinander

Violett wird neben Gelb aufgetragen, aber nicht damit vermischt, um den dunklen Ton zu erzielen.

PIERRE AUGUSTE RENOIR *Die Schaukel, 1876*

Der französiche Maler Auguste Renoir gehörte zu der Gruppe der Impressionisten. Sie malten im Freien und hielten den Wechsel von Licht und Schatten fest. Statt der traditionellen Braun- und Schwarztöne wählten sie Komplementärfarben, um das Spiel von Licht und Schatten in ihren Bildern einzufangen.

GEORGES SEURAT *Die Zirkusparade, 1887-88*

Georges Seurat war ein französischer Maler, der zwar stark von den Impressionisten beeinflußt war, aber auch eine eigene Farbtheorie aufstellte, die man Pointillismus nennt. Statt die Farben auf der Palette zu mischen, trug er sie nebeneinander als winzige Pünktchen (frz.: points) auf die Leinwand auf. Siehst du, wie durch unzählige, verschiedenfarbige Punkte die Wirkung von hellem, künstlichem Licht hinter dem Posaunenspieler erzielt wird?

Optische Mischung

Seurats Maltechnik nennt man auch optische Mischung, da die einzelnen Punkte nicht auf der Palette, sondern erst im Betrachterauge optisch zu einer neuen Farbe „gemischt" werden. Versuche helle und dunkle Farbeffekte zu erzielen, indem du Farbpunkte nebeneinander aufträgst.

Punkt für Punkt

Betrachte dieses Detail eines schattigen Bereichs des Gemäldes. Indem Seurat neben dunklen auch helle Farbpunkte verwendete, macht er auch den tiefsten Schatten farbig.

Erdfarben

Betrachte einmal Wolken, Gartenerde, Ziegel, Holz oder Steine und überlege dir, wie du all diese unterschiedlichen Schwarz-, Grau- oder Brauntöne mischen würdest. Dein Malkasten enthält bestimmt die Farben Braun, Grau und Schwarz, doch wenn du die Vielzahl dieser Naturfarben wiedergeben willst, mußt du versuchen, die Farben des Farbkreises noch weiter zu mischen, um hellere und dunklere Töne zu erhalten.

Natürliche Farben
Gelingt es dir, mehr als einen Braunton bei den meisten hier abgebildeten Gegenständen zu entdecken?

Gleiche Farben
Erinnert dich dieser Farbton nicht auch an das Kleid, das die Prinzessin auf dem Bild von Velazquez trägt?

Mischen von Erdfarben

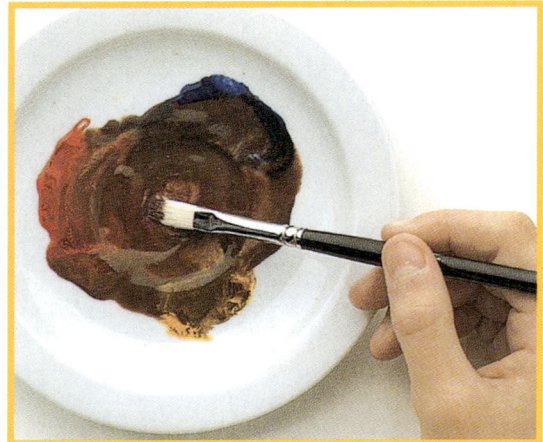

1 Für den ersten Versuch mische die drei Primärfarben auf einem Teller. Was passiert, wenn du von jeder der Farben mehr oder weniger dazugibst?

2 Wie viele verschiedene Brauntöne kannst du herstellen, wenn du zwei beliebige Sekundärfarben mischst?

3 Vermenge alle Primär- und Sekundärfarben zu Schwarz (nimm nicht zuviel Gelb). Wie viele Grautöne erhältst du, wenn du kleine Mengen Weiß dazu tust?

ALBERT PINKHAM RYDER *Jonas, ca.1885*

Der amerikanische Maler Ryder setzte in diesem Gemälde des biblischen Motivs von Jona und dem Wal helle und dunkle Erdtöne ein, damit es wild und stürmisch wirkt. Fällt dir auf, wie der Maler die Farben ineinander wirbeln läßt, um das Toben der Naturgewalten im Meer und am Himmel zu vermitteln?

Farben sammeln

Sammle alle möglichen grauen, braunen, schwarzen und weißen Gegenständen im Haus und draußen. Suche möglichst viele verschiedene Farbtöne, z.B. Mausgrau, Kastanienbraun, Pechschwarz und Kalkweiß, wie du sie auf dieser Seite findest. Dann befolge die Anleitungen zum Mischen von Farbe.

Mischen und vergleichen
Ob du den richtigen Farbton getroffen hast, kannst du leicht feststellen, indem du die Farbe neben dem Gegenstand aufträgst.

Feine Unterschiede
Dieser Farbton liegt ungefähr zwischen Braun und Grau.

Gewürzbraun
Gelingt es dir, das satte Dunkelbraun eines Sternanis zu mischen?

Blassere Farben
Versuche, die Farben mit etwas Weiß blasser zu machen.

DIEGO RODRIGUEZ DE SILVA Y VELAZQUEZ
Die Infantin Maria Teresa, 1652

Der spanische Künstler Velazquez benutzte nur wenige Erdfarben, um dieses eindrucksvolle Farbporträt einer spanischen Prinzessin zu malen. Mit einem warmen Korallenrot hat der Maler die Verzierungen ihres Kleides und den Haarschmuck betont. Bemerkst du den Kontrast zu den anderen Farben des Gemäldes?

Abgestimmte Erdfarben

1 Mische die Farben, die zu deinen Sammelstücken passen, und trage sie auf Papier auf. Bedecke das Blatt mit Klecksen, Tropfen, dicken und dünnen Strichen von jeder Farbe, die du mischst.

2 Wenn das Blatt voll ist, kannst du versuchen, das vollgekleckste Papier in ein Bild mit einem Menschen, einem Tier oder einer Landschaft zu verwandeln. Versuche, mit einer Primärfarbe einen Kontrast zu den Erdfarben zu erzielen oder verwende schwarze und weiße Linien, um dein Bild zu vervollständigen.

Farben und Gefühle

Was empfindest du, wenn du dir die verschiedenen Farben auf deiner Palette anschaust? Gibt es Farben, die dich heiter stimmen? Und andere, die dich traurig machen? Rot, Orange und Gelb bezeichnen wir als warme Farben, weil wir sie mit Feuer und Sonnenlicht in Verbindung bringen. Blau-, Grau- und Violettöne dagegen erscheinen kalt wie Eis oder kühl und frisch wie der Himmel. Durch Ausprobieren wirst du mit der Zeit eigene Möglichkeiten finden, mit Farben die Stimmung oder das Thema deines Bildes auszudrücken.

Farbverläufe
Befeuchte einige Blätter Aquarellpapier unter dem Wasserhahn. Mische dann mehrere Farbtöne aus Wasserfarben. Nimm einen breiten Pinsel und ziehe zwei verschiedene Farbbahnen bis zum Rand über das Blatt Papier. Die Farben verlaufen ineinander.

Farbkombinationen
Hänge deine Bilder auf und laß dir Zeit, um zu spüren, wie jedes der farbigen Blätter auf dich wirkt. Benenne sie nach dem Gefühl, das beim Betrachten in dir aufsteigt, wie zum Beispiel Wut, Freude, Angst oder Liebe.

Warme Farben

Kalte Farben

Warme und kalte Farben

Komplementärfarben

MARK ROTHKO *Nr. 12, 1951*

Der amerikanische Maler Mark Rothko gehörte zu einer Gruppe von Künstlern unseres Jahrhunderts, die als abstrakte Expressionisten bekannt wurden. Diese Künstler wollten nicht Szenen des alltäglichen Lebens darstellen, sondern vor allem Stimmungen und Gefühle ausdrücken. Für dieses großflächige Bild hat Rothko Farben verwendet, die vor der Leinwand zu schweben scheinen. Welche Gefühle hast du beim Anblick dieses Gemäldes?

Farbenspiel

Wähle je ein Wort aus jedem der unteren Kästchen und male dann ein Bild, für das du Farben, die das Wort aus dem Kasten „Gefühle" ausdrücken, verwendest. Weiter unten siehst du drei Bilder, die Kinder in diesem Spiel gemalt haben.

GEFÜHLE	traurig wütend glücklich freundlich gespannt ängstlich geheimnisvoll friedlich neidisch heldenhaft
FIGUREN	Katze Kind Soldat Tänzer alte Dame Zauberer Reisender Gespenst Pferd
ORTE	Meer Burg Wald Wüste Zimmer Gebirge Garten Zirkus Fluß Straße
WETTER/TAGESZEIT	Sonne Regen Wind Abend sengende Hitze Nacht Sturm Morgengrauen Schnee

EMIL NOLDE *Abendmahl, 1909*

Der deutsche Maler Emil Nolde vermittelt in diesem Gemälde vom Abendmahl durch Farben seine tiefreligiösen Gefühle. Jesus erzählt seinen Jüngern, daß ihn einer von ihnen an die Römer verrät wird. Besonders kraß setzen sich die blutroten Farbtöne gegen das leuchtende Grün ab; auffällig sind auch das schmerzliche Gelb der Gesichter und das reinweiße Hemd der Christusfigur.

HENRY (10 Jahre) *Zu Pferd im Gebirge, 1993*
Heldenhaft • Pferd • Gebirge • Abend

WILLIAM (9 Jahre) *Reisender in der Wüste, 1993*
Friedlich • Reisender • Wüste • Abend

JO (10 Jahre) *Zauberer, 1993*
Geheimnisvoll • Zauberer • Wald • Regen

17

Einfälle skizzieren

Eine Skizze ist das erste rasche Zeichnen oder Malen von etwas, was du gerade gesehen, gefühlt oder dir vorgestellt hast. Viele Künstler tragen ständig einen Skizzenblock bei sich, um Anregungen für Bilder zu sammeln oder Dinge festzuhalten, die sie interessieren. Mit deinem Skizzenblock kannst du Beobachtungen in der Natur oder Gedanken zu Gemälden, die dir in Kunstgalerien gefallen, oder auch eigene Bildideen festhalten. Picasso schrieb auf einen seiner Skizzenblöcke „Ich bin mein Skizzenblock" – als ob es ein gezeichnetes Tagebuch sei.

Wie man einen Skizzenblock benutzt

Handliche Größe
Einen Skizzenblock im Taschenformat kann man überall hin mitnehmen.

Tagebuch führen
Wirf deine Skizzenblöcke nie weg, damit du später auf sie zurückgreifen kannst.

Aquarellstifte
Wenn du nachträglich mit einem nassen Pinsel über die Skizze streichst, erhältst du Farbverläufe wie bei einem Aquarell.

Materialien zum Skizzieren
Probiere beim Skizzieren verschiedene Zeichenmittel aus.

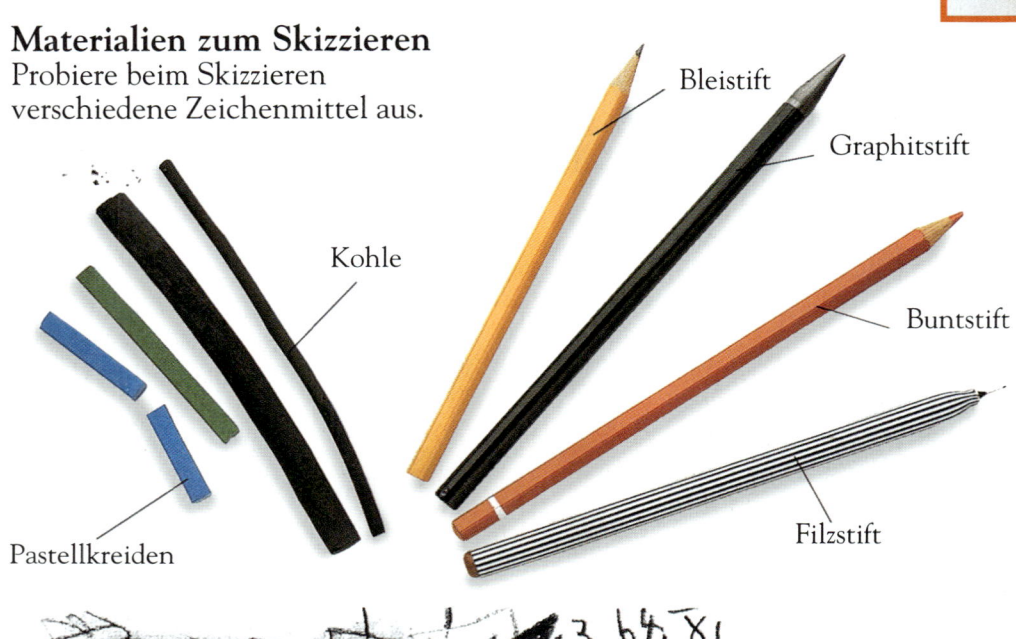

Bleistift

Graphitstift

Kohle

Buntstift

Pastellkreiden

Filzstift

Radiergummi

Knetgummi

Bleistift-spitzer

7.3.64 XI

PABLO PICASSO *Interieur mit Künstler und Pavian, einer den anderen malend, 1964*

Beim Experimentieren in seinen zahlreichen Skizzenblöcken entwickelte der spanische Maler Picasso ernste und spaßige Ideen für seine Bilder. In dieser Zeichnung läßt er aus ein paar gekritzelten Kohlestrichen einen Pavian und einen Maler entstehen, die sich gegenseitig an ihrer Staffelei malen. Was glaubst du, will Picasso damit über die Kunst sagen?

LEONARDO DA VINCI *Studien eines Drachenkampfes, 1511*

Der italienische Künstler und Erfinder Leonardo da Vinci benutzte seine Skizzenblöcke, um genaueste Zeichnungen nach der Natur und seiner Phantasie anzufertigen sowie Ideen für seine Erfindungen festzuhalten.

Phantasiespiel

Schon immer ließen Künstler gerne ihre Phantasie spielen, um in Kritzeleien Motive zu erkennen. Dieses Spiel kannst du alleine spielen oder mit einem Freund, indem ihr Zeichnungen füreinander macht.

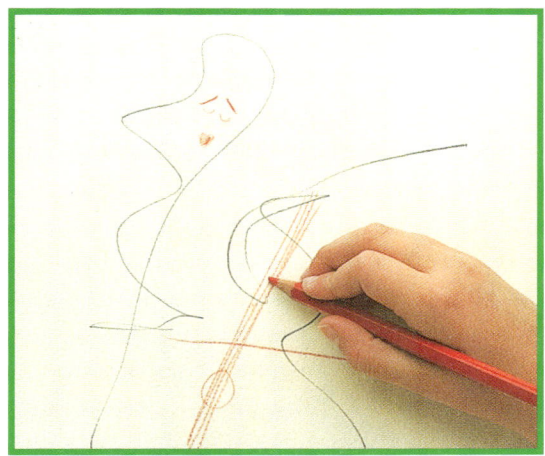

Schließe die Augen und kritzle auf einem Blatt Papier, ohne an etwas Bestimmtes zu denken. Drehe das Papier anschließend so lange, bis du etwas in den Linien entdeckst und verwandle sie dann in dein Phantasiemotiv.

Stifte

Erprobe die unterschiedlichen Wirkungen, die du beim Skizzieren mit Filzstift, Pastellkreide oder Kohlestiften erzielst.

PEGGY SOMERVILLE *Regenschauer im Frühling, 1918*

Diese Kohlezeichnung fertigte die englische Künstlerin Peggy Somerville im Alter von 10 Jahren an. Achte auf die vielen schnell gezeichneten, kurzen und langen Striche mit dem Kohlestift, die den Eindruck des plötzlich einsetzenden Regens vermitteln. Die Künstlerin zeichnete solche Skizzen meistens aus der Erinnerung.

Natur im Detail
Ist es nicht erstaunlich, wie viele Einzelheiten einem auffallen, wenn man nur genau hinsieht.

Filzstift

Ein dünner Filzstift eignet sich gut für kleine, exakte Zeichnungen. Damit kannst du feine Linien ziehen, die nicht verwischen.

Pastellkreiden

Für eine Studie von Licht und Farbe zur Vorbereitung eines Bildes eignen sich farbige Pastellkreiden oder Buntstifte.

Natur im Wandel
Vergängliche Momente wie diese Abendstimmung lassen sich gut mit Pastellkreide einfangen.

„Zeichnen" mit dem Knetgummi
Mit einem Knetgummi kannst du weiße „Linien" in Kohlezeichnungen ziehen.

Kohle

Kohle ist weich und gleitet leicht über das Papier. Das macht sie für größere Skizzen ideal. Du kannst viele dicke und dünne Striche machen oder sie mit den Fingern oder einem Knetgummi verwischen, um Atmosphäre zu erzeugen.

Form

Die Form eines Gegenstandes ergibt sich aus der Linie, die um ihn herumzuführen scheint. Form ist etwas Charakteristisches und hilft uns, Dinge, Tiere und Menschen wiederzuerkennen. Formen können sehr ausdrucksvoll sein – einige sind rund und freundlich, andere dagegen erscheinen spitz und böse. Wir alle glauben, die Form einer Katze zu kennen; wenn wir aber eine bestimmte Katze und die Art, wie sie dasitzt, näher betrachten, werden wir feststellen, daß sie ihre eigene, besondere Form besitzt. Überlege, was du an bestimmten Formen besonders magst und ordne sie auf deinem Bild so an, wie es dir gefällt.

Was steckt hinter dieser Form?
Manchmal ist es schwer, selbst ein vertrautes Tier anhand seiner Form zu erkennen.

Das Geheimnis ist gelüftet
Achte darauf, wie sich die Konturen der beiden Vorderpfoten in der Form verbunden haben. Siehst du noch weitere Beispiele für solche Täuschungen?

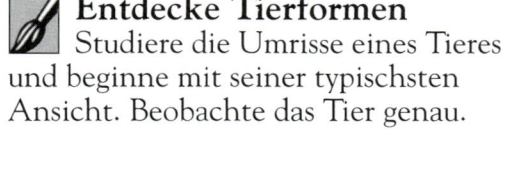

Entdecke Tierformen
Studiere die Umrisse eines Tieres und beginne mit seiner typischsten Ansicht. Beobachte das Tier genau.

Formen erkennen
Das Zeichnen der Umrisse einer Form fällt leichter, wenn man den Körper des Tieres in Kreise, Dreiecke, Quadrate oder Rechtecke unterteilt.

PIERRE BONNARD *Zwei Hunde*, 1891

Der französische Maler Bonnard war sehr an Formen interessiert, und er setzte sie in seinen Bildern gezielt ein. Hier sieht man, daß ihm die Form, die zwischen den beiden spielenden Hunden entsteht (die Negativform), ebenso wichtig war wie die Umrisse der Hunde selbst. So betrachtet, könnte dieses Bild auch den Titel *Zwei Inseln im Meer* tragen! Wie viele Kreisformen findest du in diesem Bild?

Haustiere als Modell
Finde Stellungen heraus, die dir gefallen und typisch für das Tier sind.

Tierformen malen

1 Zeichne die Kontur eines Tieres. Manchmal erscheint sie seltsam, aber laß dich davon nicht entmutigen. (Ziehst du eine Linie falsch, laß sie stehen und zeichne eine neue.)

2 Zeichne das Tier aus zwei weiteren Ansichten und male jeden Umriß in einer anderen Farbe aus. Schneide die Formen aus und lege sie so auf farbiges Papier, daß sie eine Geschichte erzählen.

3 Wenn du die Formen anordnest und festklebst, beachte auch die Negativform, die zwischen ihnen entsteht. Du kannst auch weitere Formen hinzufügen, um deine Geschichte zu ergänzen, wie zum Beispiel diese Bienen.

MANOHAR DAS *Der junge Manohar und der Schreiber, 1581*

Diese indische Miniatur enthält ein Selbstporträt des Künstlers (links, kniend), der erst 15 Jahre alt war, als er es malte. Betrachte die verschiedenen Formen in diesem Bild. Um sie zu betonen, gab der Künstler ihnen kräftige Farben und ließ sie flach erscheinen.

Verschiedene Konturen
Die roten Linien in dieser Skizze zeigen die runden und die grünen Linien die eher geradlinigen Konturen. Sie ergänzen sich gut.

Formen wiederholen
Beachte, wie sich die roten Kurven in dem Bild wiederholen.

Kombiniere Formen in deinen Bildern

Suche Dinge mit ähnlichen Umrissen. Zum Beispiel erinnert der Rüssel des Elefanten an die Tülle einer Teekanne. Suche dir für dein Bild ein Tier aus, und kombiniere es mit anderen interessanten Formen.

Schwanzfedern eines Pfaus

Palmwedel

Rüssel eines Elefanten

Muschel

Schwanzfedern eines Hahnes

Tülle einer Teekanne

Muster

Wenn sich eine Form oder eine Formengruppe auf einem Bild mehrmals wiederholt, entsteht ein Muster. Vielleicht möchtest du mit gleichartigen und kontrastierenden Mustern experimentieren und sie auf unterschiedliche Weise kombinieren? Versuche die Muster zu malen, die du in deiner Umgebung siehst, oder entwirf ein abstraktes Bild, das nur aus Mustern besteht.

Muster malen

Suche einen Gegenstand mit einem interessanten Muster. Sieh ihn dir genau an und zeichne mit einem Bleistift, was du siehst.

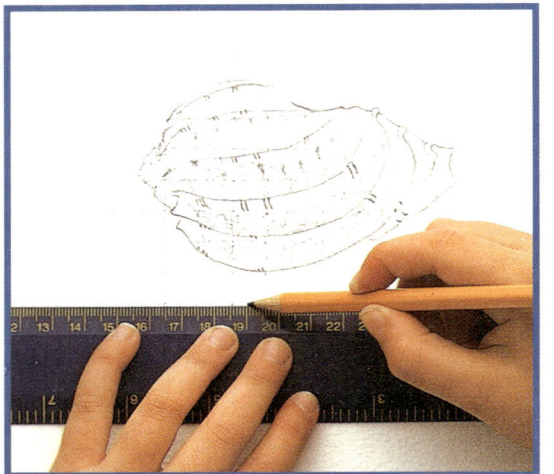

1 Wähle einen Ausschnitt des Musters und vergrößere ihn. Du kannst es frei nach Augenmaß versuchen oder einen Raster über das Muster zeichnen, um es Stück für Stück zu vergrößern.

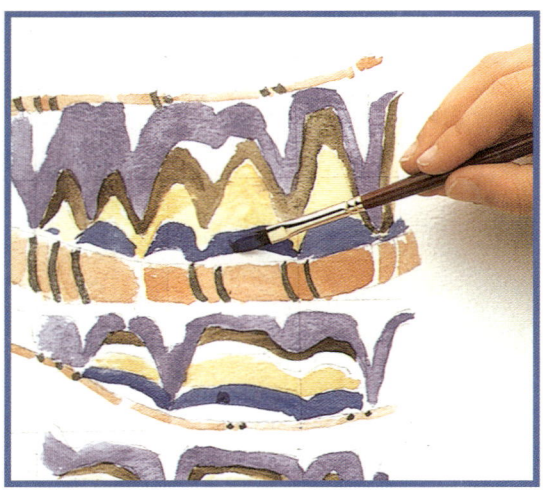

2 Vergrößere dein Muster so, daß es das ganze Papier bedeckt. (Wenn du einen Raster benutzt, vergrößere diesen zuerst.) Male das Muster aus und wiederhole die Farben, wenn sich die Formen wiederholen. Gefällt dir dein abstraktes Kunstwerk?

Mustersuche

Muster findet man überall, wenn man danach Ausschau hält – in der Natur bei Muscheln und Blumen oder auf Fliesen, Stoffen und vielen Dingen im Haus. Wie viele Muster kannst du bei dir zu Hause entdecken?

Zarte Muster

Man muß schon ganz genau hinsehen, um das zarte Muster auf dieser schönen Muschel zu erkennen.

FLAVIA IRWIN *Geomorphologischer Raubbau III, 1992*

Die britische Malerin Flavia Irwin malt mit Vorliebe Muster, die sie in der Landschaft entdeckt. Vor Ort fertigt sie eine Skizze von Feldern und Hecken an. Sie überträgt ihre Vorstellung später großzügig und vergrößert auf eine Leinwand. Mit zarten Farbtönen schuf sie ein abstraktes Bild aus Mustern und Formen.

Muster in der Kunst

Muster werden in vielen Bereichen der Kunst verwendet, um die Oberflächen von Gegenständen zu verzieren und das Auge auf sie zu lenken. Stelle einige gemusterte Materialien und Objekte aus deiner Umgebung zusammen und male sie.

Kontrastierende Muster
Dieses großflächige Muster kontrastiert mit den kleinen Mustern.

Tiermuster
An welches Tier erinnert dich dieses Muster?

EDOUARD VUILLARD *Frau in Blau mit Kind, ca. 1899*

Der französische Maler Edouard Vuillard hat bei der Darstellung dieser Familienszene viele kleine Muster und deutlich hervortretende Formen verwendet. Die Muster der Stoffe und Tapeten verlocken uns, das Bild eingehender zu betrachten. Mutter und Kind sind kaum zwischen den Mustern wahrnehmbar, und es dauert eine Weile, bis man die Katze auf dem Bett entdeckt.

Unregelmäßige Muster
Die „Krater" der getrockneten Samenkapsel einer Lotusblume ergeben ein unregelmäßiges Muster.

Ähnliche Muster
In diesem Bereich sind die Muster sich so ähnlich, daß man die einzelnen Dinge kaum erkennen kann.

Luftaufnahme von Feldern
Manchmal kann man vorhandene Muster erst aus größerer Entfernung erkennen. Dieses Foto von Feldern wurde aus der Luft aufgenommen. Kannst du kleine Muster in den großen Mustern erkennen?

Muster in der Natur
Für viele Tiere sind Muster als Tarnung vor Feinden oder beim Jagen der Beute lebenswichtig. Male ein Bild, auf dem sich ein Tier seiner natürlichen Umgebung gut angepaßt hat.

Rhythmus und Bewegung

Vielleicht möchtest du einmal Motive malen, die sich bewegen, wie zum Beispiel Tiere, Tänzer oder Sportler? In der Natur biegen sich Bäume im Wind, Wellen rollen ans Ufer und Wolken treiben am Himmel. Wie entsteht der Eindruck von Bewegung auf einem flachen Stück Papier? Künstler zeichnen Linien und Formen, die unseren Blick in verschiedene Richtungen lenken. Vertikale und horizontale Linien erscheinen ruhig und beständig, während gekrümmte und diagonale Linien schwungvoll und dynamisch wirken und so den Eindruck von Bewegung entstehen lassen.

Eingefangene Bewegung

Ruhiges Boot
Wenn das Boot in vertikalen und horizontalen Linien gemalt ist, erscheint es still in einer ruhigen See.

Bewegtes Boot
Hier ist das Boot diagonal und die Wellen sind geneigt und gekrümmt. Dies gibt ein Gefühl von Rhythmus und Bewegung.

Ruhig stehen
Stelle dich aufrecht hin, die Füße fest auf dem Boden und spüre, wie ruhig und gerade du dastehst.

Still stehen
Das Tuch hängt wie erstarrt zu Boden.

In Bewegung
Wenn du dich bewegst, ist es unmöglich, alle Teile deines Körpers ganz aufrecht zu halten.

Fließen
Das Tuch folgt der weichen, fließenden Bewegung.

ROSA BONHEUR *Pferdemarkt, 1853-55*

Dieses Gemälde der französischen Malerin Rosa Bonheur war eines der beliebtesten Bilder seiner Zeit. Es verherrlicht die Kraft und die Stärke galoppierender Pferde. Im Original ist es sehr groß. Beobachte, wie helle und dunkle Farben den Blick über das Kunstwerk wandern lassen und den Eindruck von Bewegung schaffen.

Bewegungslinien
Die Skizze unten verdeutlicht die Diagonalen und Bögen, die Rhythmus und Bewegung in Bonheurs Gemälde bringen. Die roten, diagonalen Linien scheinen die grünen Linien zu zügeln, so wie die Stallburschen die Pferde im Zaum halten.

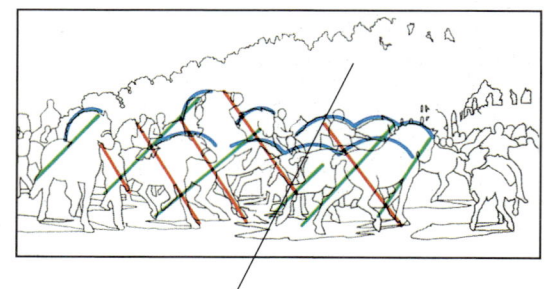

Ruhige, beständige Linien
Achte auf die Baumreihe und die Kirche. Merkst du, wie uns die Ruhe, die sie vermitteln, die Bewegung der Tiere noch bewußter erleben läßt?

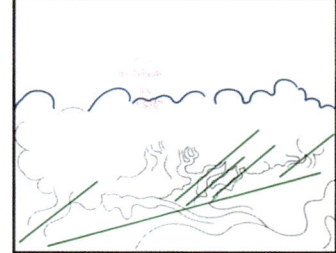

Diagonalen
Alle Olivenbäume neigen sich in eine Richtung. Die kleiner werdenden Bäume schaffen eine Diagonale durch das Bild.

Wirbel
Wirbelnde Pinselstriche betonen die gekrümmten Äste der Bäume, die über viele Jahre vom Wind geformt wurden.

VINCENT VAN GOGH *Olivenhain mit weißer Wolke*, 1889

Der niederländische Maler Vincent van Gogh malte diese Landschaft in Südfrankreich. Was ihn faszinierte, waren die eindrucksvollen Formen der uralten Olivenbäume. Erkennst du, wie erfüllt von Rhythmus und Bewegung van Goghs Bild ist? Wie bei Rosa Bonheurs Pferden scheint alles über die Leinwand zu galoppieren.

Bewegte Darstellungen
Sieh dir die Gemälde von Bonheur und van Gogh auf diesen Seiten an. Wähle dann ein eigenes Thema, das voller Bewegung ist, und male ein Bild, in das du diagonale und gekrümmte Linien sowie wirbelnde Pinselstriche einbeziehst. Skizziere die Bewegungslinien vorher.

Rhythmus
Sich wiederholende Bögen und Farben bringen Rhythmus in das Bild und vermitteln den Eindruck, die Figur tanze.

Sprung und Neigung
Ebenso wie sich das Tuch bauscht, biegt und neigt sich der Körper der Tänzerin, wenn sie in die Luft springt.

Flackernde Farben
Verwende verschiedene helle und dunkle Farbtöne. Der Blick wandert dann beim Betrachten zwischen den hellen und den dunklen Bereichen hin und her.

Geschwindigkeit
Flüchtige, skizzenhafte Pinselstriche erwecken den Eindruck, sie seien in Eile hingeworfen worden, um die Bewegung in einem Motiv einzufangen.

Pinselstriche
Einzelne Pinselstriche, die dicht nebeneinandergesetzt in die gleiche Richtung streben, scheinen zu wirbeln wie Strudel im Fluß. Versuche selbst Wellen und Spiralen zu malen.

Technik und Struktur

Mit welchen anderen Werkzeugen und Gegenständen, außer einem Pinsel, kannst du malen? Sieh dich zu Hause um und überlege, womit du Strukturen und Muster erzeugen könntest. Gehe um ein großes Blatt Papier herum, das auf dem (mit Zeitungen bedeckten) Boden liegt, und versuche mit verschiedenen Techniken ein abstraktes Gemälde zu schaffen. Experimentiere mit dick- und dünnflüssiger Farbe. Gelingt es dir, neuartige Techniken zu entwickeln und originelle Wirkungen zu erzielen?

Farbe eindicken

Dickflüssige Farbe gibt deiner Bildoberfläche Struktur. Farben auf Wasserbasis (Binderfarben) kann man mit Kunststoffleim eindicken.

1 Binderfarben gibt es in großen Plastikflaschen zu kaufen. Sie sind für großflächige Bilder geeignet. Nimm eine alte Schüssel, um darin Farbe und Leim zu mischen.

2 Gib etwas von der Farbe in die Schüssel und füge dann den Leim löffelweise hinzu. Rühre den Leim vorsichtig unter die Farbe, bis sie dick genug ist.

Tupfen
Verwende eine alte Zahnbürste für kleine Abdrücke.

Blasen
Einen Klecks dünnflüssiger Farbe kannst du mit Hilfe eines Strohhalms über das Papier pusten.

Rollen
Mit einer Malerrolle kann man lange Farbbahnen ziehen.

Klecksen
Laß die Farbe aus einem Joghurtbecher mit einem kleinen Loch im Boden auf das Papier tropfen.

GILLIAN AYRES *Salix, 1991*

Die englische Künstlerin Gillian Ayres benutzt dickflüssige, leuchtende Farben für ihre strukturreichen Gemälde. Die Farbe ist so dick aufgetragen, daß sie sich von der Leinwand abhebt. „Salix" bedeutet Weide, – sie wächst nah am Wasser, was uns einen Hinweis auf das Motiv gibt. Kannst du einen Fisch und das Blatt einer Wasserlilie erkennen?

Kleckse
Dicke Pinselstriche, Tupfen, Kleckse und große Flächen scheinen in alle Richtungen zu drängen und ergeben ein faszinierendes Bild.

Kratztechnik

Verwende unterschiedliche Gegenstände, um Muster mit dicken und dünnen Linien in die Farbe zu kratzen. Mit einem Stück Karton verteilst du einen Klecks Farbe gleichmäßig auf dem Papier. Mit einem alten Kamm oder einem anderen Werkzeug machst du dann Kratzspuren in die Farbe.

Streichen und Spritzen

Mit einem breiten Flächenstreicher trägst du eine dicke Farbschicht auf. Dann nimmst du einen dünneren Pinsel und spritzt eine andere Farbe darüber.

SHARON PETERS *Abschied* 1993

Aktionsmalerei

Bringe Bewegung in dein Bild, indem du Abdrücke deiner Hände und Füße darauf hinterläßt. Wenn du möchtest, kannst du auch einfach über dein Werk laufen.

Spritzen und Tropfen

Fülle mit Hilfe eines kleinen Trichters eine leere Spülmittelflasche zur Hälfte mit dünner Farbe. Tröpfle und spritze damit Linien und schwungvolle Bögen.

Schwammdruck

Mit einem alten Schwamm kannst du weiche, verschwommene Effekte und Formen erzielen. Experimentiere mit viel und wenig Farbe.

Räumliche Darstellung

Räumliche Objekte nehmen wir dreidimensional wahr. Menschen, Häuser, Berge und Früchte – die meisten Dinge um uns - sind nicht flach, sondern dreidimensional wie eine Skulptur. Wenn du eine Skulptur anfertigst, kannst du sie von allen Seiten modellieren. Das ist bei einem flachen, zweidimensionalen Bild nicht möglich. Statt dessen mußt du beobachten, wie das Licht auf das Objekt fällt, damit du seine räumliche Form erkennen kannst und siehst, wodurch sie entsteht.

C.E. BROCK *Illustration aus Gullivers Reisen, 1984*
Diese Szene aus Jonathan Swifts Geschichte erleichtert dir die Vorstellung von Räumlichkeit. Gullivers Körper wirkt wie ein Gebirge im Vergleich zu den winzigen Einwohnern von Liliput, die auf ihm herumklettern.

Flach und räumlich
Welches dieser Objekte ist das räumliche, dreidimensionale? Die Antwort lautet: keines! Wenn du mit den Fingerspitzen über beide Formen streichst, wirst du feststellen, daß beide flach sind. Aber die Pyramide wirkt durch die Schatten räumlich.

Denke räumlich
Wenn du unebene, räumliche Formen darstellen möchtest, stelle dir einfach vor, der Pinsel sei ein Liliputaner oder ein Forscher, der auf sonnige Berge und in dunkle, schattige Täler wandert.

Schattige Gesichter
Bitte einen Freund oder ein Familienmitglied, dir neben einer Lampe Modell zu sitzen. Achte darauf, daß das Licht Wölbungen und Erhebungen des Gesichtes gut beleuchtet und Vertiefungen im Schatten liegen.

GEORGES DE LA TOUR *Der Falschspieler (Entstehungsdatum unbekannt)*

Der französische Maler des 17. Jahrhunderts, Georges de La Tour, war davon begeistert, wie künstliches Licht (zu jener Zeit Kerzen) die räumliche Wirkung der Formen verstärkt, geheimnisvolle Schatten wirft und eine besondere Stimmung erzeugt. Wie nutzte der Maler den Kontrast zwischen Licht und Schatten, um den „dunklen" Charakter des Betrügers beim Kartenspiel darzustellen? Kannst du dir vorstellen, was die anderen Spieler denken?

Weiß auf schwarz
Versuche die Erhebungen des Gesichtes mit heller Farbe auf ein dunkles Blatt Papier zu malen. Schon bald kannst du die räumliche Form erkennen.

Malerei oder Fotografie

Nachdem 1839 die Fotografie erfunden worden war, meinten einige Maler, sie könnten das genaue Abbilden der Natur nun der Kamera überlassen. Sie suchten und fanden neue Wege, um ihre Motive realistisch und räumlich darzustellen.

LILLY (9 Jahre)
*Obstschüssel,
1993*

Früchte

Sieh dir an, wie sehr sich dieses Aquarell von einem Foto unterscheidet und wie gut es die Schönheit der Früchte zeigt.

PAUL CÉZANNE *Stilleben mit Äpfeln, Flasche und Milchkrug, 1902-6*

Der französische Maler Paul Cézanne fand seinen eigenen Weg, um Menschen, Landschaften und Stilleben so darzustellen, daß sie realistisch und plastisch erschienen. Bei diesem Aquarell arbeitete er mit groben Pinselstrichen und Farbkontrasten, um das Wechselspiel des Lichts auf den Objekten wiederzugeben. Beachte wie Cézanne Komplementärfarben für die Schatten einsetzt.

Ein räumliches Stilleben

Arrangiere ein Stilleben mit Früchten und anderen Gegenständen so auf einem Tisch, daß das Tageslicht darauf fällt. Male das Stilleben mit Wasserfarben auf weißes Aquarellpapier. Versuche die Objekte so plastisch wie möglich darzustellen.

Einschätzen der Objekte

Nimm einen Apfel in die Hand, um sein Gewicht und sein Größe zu „spüren". Drehe ihn nach allen Seiten, damit du ein Gefühl für seine Form bekommst.

Weiß

Beim Aquarellieren gibt es verschiedene Möglichkeiten, Weiß darzustellen oder Glanzpunkte zu setzen. Entweder man spart einige Stellen aus (wie Cézanne es tat), oder man nimmt mit einem Schwamm etwas Farbe vom Bild ab, oder man übermalt mit weißer Gouache.

Weißes
Papier

Weiße
Gouache

Schwammtechnik

Farbe rundum

Sieh dir die vielen unterschiedlichen Farben eines Apfels an. Beginne beim Malen mit dem Teil, der dir am nächsten ist. Arbeite dich dann mit Strichen und Farbtupfen langsam an die Rückseite heran, bis der Apfel ganz plastisch wirkt.

Formen erkennen

Oft hilft es, sich in einem Objekt, das man malen will, einfache dreidimensionale Formen, wie eine Pyramide, eine Kugel oder einen Zylinder vorzustellen.

Vorne und hinten

Stell dir stets auch die Rückseite eines Objektes vor, selbst wenn man sie nicht sehen kann.

Personendarstellung

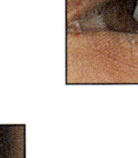

Hast du schon einmal versucht, Menschen so zu malen, wie du sie siehst? Wenn du genau hinsiehst, wirst du erkennen, daß es keine zwei Menschen gibt, die die gleiche Gesichtsform oder Hautfarbe, die gleichen Proportionen oder auch nur die gleiche Art zu sitzen haben. Wenn du Menschen lebensecht malen möchtest, darfst du nie vergessen, sie räumlich abzubilden, und ihre ganz individuelle Persönlichkeit zu berücksichtigen.

Gesichter malen

Male den Kopf und die Schultern mit leichter Seitenansicht. Stell dich neben dein Modell und verändere deinen Blickwinkel nicht.

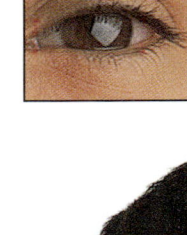

Augen
Auf welcher Höhe befinden sich die Augen? Sehen beide Augen genau gleich aus? Sind die Lider leicht geschlossen?

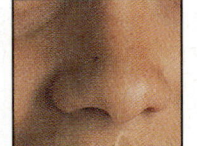

Ohren
Wo befinden sich die Ohren im Verhältnis zu den Augen? (Kann man sie überhaupt sehen?)

Kopfform
Beginne mit der Darstellung von Kopf und Schultern, ehe du dich mit den Einzelheiten des Gesichts befaßt.

Nase
Wo sitzen die Nasenlöcher im Verhältnis zu den Augen und dem Kinn?

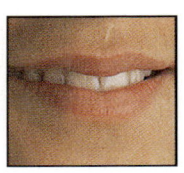

Mund
Welche Form hat der Mund? Er prägt den Ausdruck einer Person sehr.

Körper malen

Beginne nun, den ganzen Körper zu malen, der, ebenso wie der Kopf, leicht zur Seite gedreht ist. Nun mußt du dich etwas entfernen, damit du die ganze Person sehen kannst. Denke daran, daß du beim Malen den Blickwinkel nicht veränderst.

Kopf
Wie groß ist der Kopf im Verhältnis zum übrigen Körper?

Körpermitte
Stelle dir eine horizontale Linie in der Mitte der darzustellenden Person vor. Wo befindet sich diese Linie ungefähr bei deinem Modell?

Haltung
Sieh dir genau an, wie dein Modell dasitzt, und stelle dir das Gewicht des Körpers vor, das auf dem Stuhl lastet.

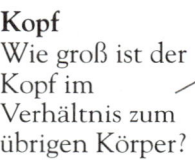

Schultern
Ist eine Schulter tiefer als die andere?

Ganzer Körper
Male die Figur zunächst, ohne auf Einzelheiten zu achten.

Der Hintergrund
Deute den Fußboden und die Wand hinter deinem Modell farblich an, sonst wird es aussehen, als schwebe die Figur in der Luft.

Proportionen messen

Es gibt eine einfache Methode, um das Größenverhältnis der Körperteile zu messen:

Strecke den Arm aus und halte den Pinsel waagrecht oder senkrecht, je nachdem, ob du die Höhe oder die Breite messen willst. Kneife ein Auge zu und miß zum Beispiel die Höhe des Scheitels, indem du sie mit dem Daumen am Pinsel anzeigst. Überprüfe deine Messung, indem du sie mit einem anderen Körperteil vergleichst.

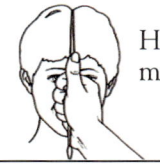
Höhe messen

Breite messen

Verkürzung

Manchmal sieht es komisch aus, wie Leute sitzen. Der Kopf dieses Mädchens ist weiter entfernt als ihr Fuß, deshalb wirkt er viel kleiner. Diese Täuschung nennt man Verkürzung.

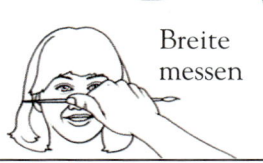

TOMMASO MASACCIO UND FILIPPO LIPPI *Erweckung des Sohnes des Theophilus, ca. 1428*

Dieser Ausschnitt zeigt nur einen Teil des großen Wandgemäldes in der Brancacci-Kapelle in Florenz. Die beiden Künster malten es vor fast 600 Jahren auf nassen Kalkputz (Fresko). Sie waren berühmt für ihre naturnahe und plastische Darstellung von Menschen, die sie durch das Spiel von Licht und Schatten auf den Gesichtern erzielten.

Gesichtszüge

Sieh dir an, wie es den Künstlern gelang, die verschiedenen Persönlichkeiten anhand von Hautfarbe und unterschiedlichsten Nasen-, Mund- und Augenformen darzustellen.

MARY CASSATT *Junge Mutter beim Nähen, 1902*

Auf diesem Bild fängt die amerikanische Künstlerin Mary Cassatt eine Familienszene ein. Sonnenlicht ergießt sich durch ein Fenster auf die beiden Figuren und eine Blumenvase. Mit lockeren Pinselstrichen gibt Cassatt den Stoff wieder, dessen Falten die Körperformen sanft umschmeicheln. Beachte, wie natürlich die Hände von Mutter und Kind wirken.

Menschen in Bewegung

Wenn sich Menschen bewegen, verändert sich ihre Körperhaltung ständig. Beobachte und skizziere Menschen in Bewegung oder sieh sie dir auf Fotos an. Beachte den Neigungswinkel und die Form ihres Körpers bei unterschiedlichen Bewegungen. Halte deine Beobachtungen mit Pinsel oder Stift fest und nutze sie bei deinen Bildern.

Seitenansicht
Die linke Körperhälfte dieses laufenden Mädchens ist fast vollständig von der rechten verdeckt.

Kleidung
Kleiderfalten lassen den Körper darunter plastisch erscheinen.

Diagonalen
Beim Laufen wird der Körper nach vorne gebeugt, und es entstehen diagonale Linien.

Raum und Perspektive

Hast du schon einmal bemerkt, daß ein Objekt um so kleiner erscheint, je mehr Raum zwischen dir und dem Objekt liegt, während es um so größer wirkt, je näher es ist? Vielleicht hast du auch bereits festgestellt, daß ein nahes Objekt weiter zurückliegende verdeckt? Berücksichtige diese Beobachtung, wenn du malst, um deine Bilder realistisch und räumlich erscheinen zu lassen.

Plazierung

Diese Kinder sind scheinbar gleich groß, weil sie nebeneinander in einer Reihe stehen.

Was geschieht, wenn sich dir ein Kind nähert und die anderen weiter zurücktreten?

Überdeckung
Dieses Mädchen verdeckt zum Teil die Jungen weiter hinten, weil es dir näher ist.

Entfernung
Die Hand des Mädchens und die kleinste Figur scheinen beinahe gleich groß zu sein.

Nah und fern
Beobachte selbst, daß Leute in der Entfernung kleiner wirken. Halte die Hand hoch und vergleiche ihre Größe mit der Größe von Menschen, die ganz in deiner Nähe stehen oder weit entfernt sind. Gibt es Personen, die andere verdecken?

Malerei des realen Raums
De Witte verändert die Größe seiner Objekte und läßt sie sich überschneiden, um so eine reale räumliche Vorstellung aufkommen zu lassen.

EMMANUEL DE WITTE *Interieur mit Klavichordspielerin, ca. 1665*

Der holländische Maler Emmanuel de Witte benutzt faszinierende Techniken, um uns den Eindruck zu vermitteln, wir blickten in einen wirklich existierenden Raum. Man kann kaum glauben, daß es unmöglich sein soll, durch dieses anheimelnde Zimmer zu gehen, vorbei an der Klavichordspielerin, und weiter durch die anderen drei Räume, um dann am Ende durch das offene Fenster zu schauen. Sonnenlicht fällt in die Zimmer und ergibt ein Muster, das unseren Blick tiefer in den Raum lenkt.

Größenverhältnisse
Vergleiche die Türöffnungen und beachte, daß sie kleiner werden, je tiefer im Raum sie sich befinden.

Überdeckung
Diese Frau verdeckt teilweise das Klavichord. Sie muß sich also davor befinden. Siehst du noch andere Überdeckungen?

Raumwirkung in der Stadt

Die Stadt stellt einen besonders spannungsgeladenen Raum dar, vor allem, wenn man sie von hoch oben betrachtet. Autos und Menschen erscheinen winzig, weil sie weit weg sind.

In der Ferne
Siehst du, wie Straßen und Gebäude zu schrumpfen scheinen, je weiter sie sich in der Ferne verlieren?

Tiefe schaffen

Es ist ziemlich schwierig, den Eindruck von Raum und Tiefe in einem Bild zu schaffen. Schneide zuerst Bilder aus und ordne sie an, versuche dann, die Ideen in deinen Bildern zu verwenden.

GEORGE GROSZ *Metropolis, 1916-17*

Auf diesem Gemälde nutzte der deutsche Maler George Grosz die Raumwirkung auf originelle Weise, um seiner eigenen beängstigenden Vorstellung vom modernen Stadtleben Ausdruck zu verleihen. Kreuz und quer hastende Menschen, rasende Straßenbahnen und riesige Häuser scheinen dem Betrachter zuzustreben, auf ihn einzustürzen, ihn zu erdrücken. Beachte Überdeckungen und die Größe von Personen in Vorder- und Hintergrund.

1 Wähle als Thema einen Spielplatz, eine Fußgängerzone oder einen Marktplatz. Male viele Figuren und Objekte, die dazu passen, wie z.B. Menschen, Tiere, Busse, in drei verschiedenen Größen. Du kannst alles so genau oder skizzenhaft, wie du möchtest, darstellen.

2 Schneide deine Figuren aus und sortiere sie in drei Gruppen – klein, mittelgroß und groß. Male nun die Fußgängerzone, den Spiel- oder Marktplatz (ohne Menschen) auf ein kleines Blatt Papier. Gestalte diesen Raum ganz einfach.

3 Jetzt klebst du die kleinen Figuren oben auf das Papier. Diese werden dann von den mittelgroßen, die du darunter klebst, teilweise verdeckt. Zum Schluß verteilst du die großen Abbildungen auf den unteren Rand des Papiers und klebst sie ebenfalls fest.

Komposition

Komposition nennt man die Anordnung der verschiedenen Bildteile. Es ist die Art, in der du Farben, Formen, Linien und Pinselstriche verwendest, um die Geschichte deines Bildes zu erzählen. Zur Komposition gehört auch die Wahl des Bildformates, die Entscheidung, was wichtig und was überflüssig ist, die Auswahl und Anordnung der Farben sowie die Darstellung von Räumlichkeit. Sieh dir die Bilder berühmter Maler in diesem Buch an. Kannst du anhand der jeweiligen Komposition auf den ersten Blick erkennen, wovon das Bild handelt?

Kunstvolle Anordnung
Wähle einige Objekte aus, die du gerne malen möchtest, und arrangiere sie mehrmals neu auf einem Blatt Papier. Gestalte so deine eigene Komposition.

Komposition eines Bildes
Ein Kunstwerk kann jedes beliebige Format haben, abhängig davon, wie das gewählte Thema dargestellt werden soll. Wenn du einige Objekte auf unterschiedliche Weise anordnest, wird sich jedesmal ein völlig anderes Bild ergeben.

Bögen und Diagonalen
Spürst du die Bewegung, die die schwungvollen Bögen und Diagonalen dieser Komposition vermitteln?

Verschiedene Formate
Die Form des Bildes (das Format) beeinflußt die Anordnung der Gegenstände.

Formen und Strukturen
Siehst du, wie ähnliche Formen und Strukturen einander in Gruppen zugeordnet wurden? Vergleiche diese mit der anderen Komposition.

ELIZABETH BLACKADDER *Stilleben, Bambus und Gold, 1991*

Die schottische Künstlerin Elizabeth Blackadder komponierte dieses Stilleben, indem sie viele Objekte, die zu ihrem Thema paßten, auf einem Blatt Papier arrangierte. Beachte, wie sie helle und dunkle Farbtöne und ähnliche Formen über das Papier verteilte, um Verbindungen innerhalb der Komposition herzustellen. Was passiert, wenn du das Bild auf den Kopf stellst?

Hell und dunkel
Was geschieht, wenn sich alle dunklen Objekte im oberen Teil der Komposition befinden? Wirkt das nicht bedrückend? Drehe das Buch auf den Kopf und beobachte deine Empfindung.

PIERO DELLA FRANCESCA *Die Geburt Christi, ca. 1472*

Dieses Gemälde des Renaissance-Malers Piero della Francesca erzählt von Jesu Geburt. Alle freuen sich, sogar Ochse und Esel. Ein Schafhirte deutet auf den Stern von Bethlehem am Himmel. Beachte die Gruppierung der himmlischen Wesen - die Engel und Jesus - auf der linken Seite des Werkes, während die irdischen Geschöpfe - Maria, Joseph, die Hirten und die Tiere - auf der rechten Bildhälfte angeordnet sind. Siehst du, wie Marias Umhang die beiden Bildhälften verbindet?

Erzähle eine Geschichte

Zeichne eine Szene aus einem Buch, Film, Märchen, Gedicht oder Theaterstück, das du kennst, und erzähle, wie Piero della Francesca, die Geschichte mit Hilfe der Komposition.

Versteckte Linien

Piero della Francescas Engel sind in einer Reihe auf dem Bild angeordnet. Stelle dir horizontale Linien vor, die genau durch ihre Häupter, Hände und Füße verlaufen, und vertikale, die an ihren Gestalten und den Falten ihrer Gewänder entlang führen. Diese horizontalen und vertikalen Linien vermitteln dem Betrachter ein Gefühl von Ruhe und Stille.

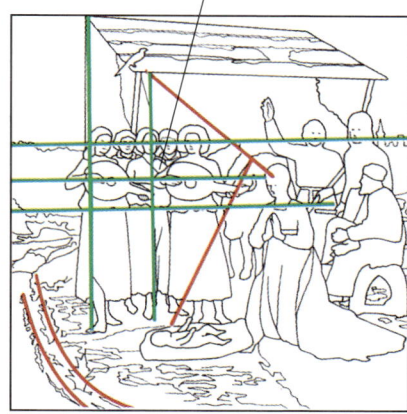

Blickführung

Suche nach diagonalen Linien in dem Gemälde, die unseren Blick auf die wichtigsten Personen lenken. Siehst du, daß diese Gruppe von Bogenlinien umgeben ist?

Vielsagende Farben

Die himmlischen Gestalten sind in bläuliche Gewänder gehüllt, die irdischen in erdfarbende. Marias Kleid enthält beide Farben.

1 Skizziere die Darsteller deiner Geschichte, indem du von jedem einige Entwürfe anfertigst. Stelle sie in verschiedenen Haltungen dar. Wähle die gelungensten Figuren aus.

2 Mache kleine Skizzen, um zu sehen, welche Komposition und welches Format die beste Wirkung erzielt. Überlege, was auf deinem Bild dargestellt und was weggelassen werden sollte.

3 Wähle Farben, die den Inhalt deiner Geschichte verdeutlichen. Kann man anhand der Komposition erkennen, welche Geschichte du mit deinem Bild erzählen willst?

Naturdarstellung

Ganz gleich, ob du in der Stadt, in der Nähe eines Parks, auf dem Land oder am Meer wohnst, es gibt überall zahllose Motive in der Natur, die du entdecken und wiedergeben kannst. Vielleicht möchtest die weite Natur abbilden, also ein Landschaftsbild oder ein „Seestück" malen. Oder willst du lieber einen kleinen, aber genauen Ausschnitt, wie Blumen, Tiere, Steine oder Wasserspiegelungen, malen? Naturdarstellungen können auch frei erfunden sein. Wetterverhältnisse und wechselnde Jahreszeiten sorgen für unterschiedliche Stimmungen und Eindrücke.

Blüten
Aus der Nähe kann man die Natur darstellen, indem man zum Beispiel einen Blütenzweig malt.

Landschaftsmalerei
Wenn du eine Landschaft malen möchtest, solltest du dir über die Komposition von Raum, Farben, Formen und Mustern Gedanken machen. Willst du Bewegung oder eher Stille darstellen? Die Bildbeschriftung des großen Fotos rechts ist bestimmt hilfreich für dich.

NATALIE (9 Jahre) *Ein Frühlingstag, 1993*
Male ein und dieselbe Landschaft in allen vier Jahreszeiten. Die Farben des Bildes werden sich mit den wechselnden Jahreszeiten ändern und auch das Aussehen von Bäumen und Büschen.

SAMIA (9 Jahre) *Der Sturm, 1993*
Wenn du einen Sturm malen möchtest, wirst du dich weitgehend auf deine Vorstellungskraft verlassen müssen, denn vor Ort zu malen, könnte einige Schwierigkeiten mit sich bringen! Laß dich von stürmischer Musik inspirieren.

Hintergrund
Der Hintergrund ist der Bereich, der am weitesten von dir entfernt ist. Beachte, wie schwer es ist, Einzelheiten zu erkennen.

Vordergrund
Der Vordergrund ist der Bereich, der dir am nächsten ist. Dinge im Vordergrund wirken größer, und Einzelheiten sind besser zu erkennen.

KAWAI GYOKUDO *Scheidender Frühling, 1916*

Dieses japanische Landschaftsbild zeigt ein Hausboot auf einem Fluß in einer Felsschlucht. Es ziert einen Wandschirm. Der Künstler verdeutlicht, wie schnell der Frühling vergeht, indem er die zarten Blütenblätter auf den harten Fels fallen läßt. Beachte die kalten Farben und demgegenüber die Blattgoldauflage, die das Sonnenlicht darstellen soll. Die Komposition kommt ohne Himmel und Weite aus. Sie konzentriert sich auf Form und Struktur von Felsen und Wasser.

JOSEPH MALLORD WILLIAM TURNER *Der Nemi-See, ca. 1828*

Der britische Maler William Turner schuf dieses Ölgemälde, als er Italien bereiste. Turner mußte schnell arbeiten, um das Licht auf dem See einzufangen, bevor es sich wieder änderte. Deshalb teilte er das Bild nur in grobe Farbfelder ein, ohne sich um Einzelheiten zu kümmern.

Farben in der Ferne

Hast du bemerkt, daß in der Entfernung alle Farben blasser – oft sogar bläulich – erscheinen? Diese Erscheinung entsteht durch Luftfeuchtigkeit. Um diese Wirkung des Lichtes auch in einem Gemälde zu erzeugen, wendete man früher eine Technik an, die sich „Lasieren" nennt.

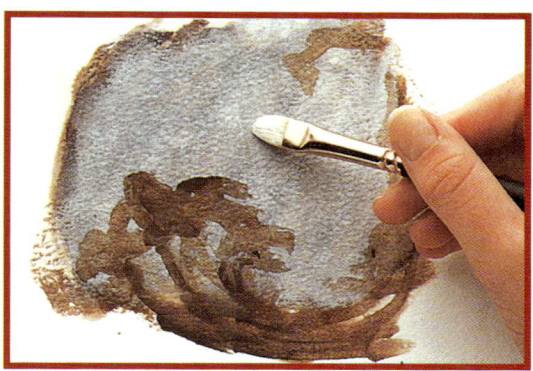

Versuche auch zu lasieren. Du malst eine Landschaft in braunen Farbtönen. Laß die Farbe trocknen. Dann übermalst du den Hintergrund mit einer dünnen Schicht weißer Farbe. Er erscheint nun blau! So ensteht der Eindruck von Ferne.

Schatten
Siehst du die Muster, die die Schatten erzeugen? Überlege dir verschiedene Möglichkeiten, sie darzustellen.

Lebewesen
Menschen und Tiere bewegen sich, also mußt du sie rasch skizzieren.

Wetter
Farbe und Licht hängen von Wetter und Tageszeit ab.

Horizont
Der Horizont ist die Stelle, wo sich Himmel und Erde berühren.

Grüntöne
Sieh dir die vielen Grüntöne an. Wirken sie in der Ferne nicht bläulich und im Vordergrund gelblich?

Mittelgrund
Der Mittelgrund ist der Bereich zwischen Vorder- und Hintergrund.

Der Bildsucher

Bastle dir einen Bildsucher aus zwei L-förmigen Kartonstücken. Suche und rahme damit einen Ausschnitt in der Natur, der dir interessant erscheint. Du kannst die Größe der Komposition beliebig ändern, indem du die beiden Kartonwinkel entsprechend verschiebst.

Phantasie

Ideen für ein Bild können aus vielen Quellen stammen und oft sind es die seltsamsten Dinge, die dich dazu bringen, ein Bild zu malen. Es lohnt sich, solche Dinge zu sammeln. Sie können dich inspirieren und an Ideen und Gefühle erinnern. Auch die Skizzen, Gedichte, Tagebücher, Werbeanzeigen und Filme sind gute Quellen und manchmal entdeckst du vielleicht erstaunliche Beziehungen, die zwischen den Dingen bestehen. All diese Dinge können zu Themen führen, die du in deinen Bildern weiterentwickeln kannst.

Versteckte Ideen
Bilder, die du in gemusterten Tapeten, alten Gemäuern, Steinen und Wolken gefunden hast, können dir helfen, Landschaften mit Flüssen, Gebirgen, Felsen und Bäumen oder auch Porträts von Gesichtern oder Figuren entstehen zu lassen.

Kreatives Kritzeln
Kannst du in zufällig gemachten Pinselstrichen oder Tintenklecksen Bilder entdecken? Versuche, sie in Tiere, Gesichter oder etwas Ähnliches zu verwandeln.

Gemalte Geschichten
Füge deine zufällig gemachten Kritzeleien zu einer Geschichte zusammen.

Alles ist möglich
Versuche surreale (nicht existierende) Kreaturen zu erfinden, indem du Dinge kombinierst, die auf den ersten Blick nichts miteinander gemeinsam haben, wie unten.

Phantasiegestalten
Kombiniere Fotos aus alten Zeitschriften mit Dingen aus deiner Sammlung. Halte das seltsame Ergebnis in einem Bild fest, das eine merkwürdige Geschichte erzählt.

SIDNEY NOLAN *Kelly und Leutnant Kennedy, 1945*

Der australische Künstler Sidney Nolan malte eine Serie von Bildern des Bushrangers Ned Kelly, der sich mit einer Metallrüstung vor den Schüssen der Polizei schützte. Nolan ließ seiner Phantasie freien Lauf und stellte Kelly als schwarzes Rechteck dar. Der Polizist entstand aus einem teilweise übermalten Zeitungsfoto. Die Komposition ist durch einen Baumstamm zweigeteilt. Wie hilft sie, die Geschichte dieses Bildes zu erzählen?

LEONORA CARRINGTON *Das Haus gegenüber, 1945*

Die englische Surrealistin Carrington malte Welten, in denen Menschen, Tiere und Pflanzen wie im Traum auf magische Weise verwandelt sind. Hier teilt sie das Gemälde so auf, daß sie mehrere Handlungen, die gleichzeitig ablaufen, zeigen kann – ein Trank wird zusammengebraut, Menschen verwandeln sich in Bäume, während Schlafende unter dem Dach träumen.

Quellen für Bilder

Gedichte, Märchen, Mythen, Legenden und Geschichten können dir Ideen und Motive für Bilder liefern. Als Kind machte es Leonora Carrington großen Spaß, geheimnisvollen, keltischen Märchen zu lauschen, die sie später zu einigen ihrer Bilder inspirieren sollten. Trage deine Ideen in ein Tagebuch ein und sammle Gegenstände, wie die unten gezeigten. So kann im Laufe der Zeit eine faszinierende Fundgrube für Bildideen entstehen.

Musik
Auch Musik kann Anregungen für ein Bild liefern.

Fotos
Blättere in Familienalben oder mache neue Fotos, und lasse dich davon inspirieren.

Kunstwerke
Besuche Museen und Kunstgalerien, wo du weitere Anregungen erhältst. Sammle Postkarten deiner Lieblingsgemälde.

Farben sammeln
Verschiedene Farbkombinationen und -muster können ebenfalls zündende Ideen für ein Bild liefern.

Sammeln für ein Thema

Trage auf Spaziergängen in der Umgebung deines Wohnortes Dinge zusammen, die für ihn typisch sind. Wähle aus der Sammlung die besten Gegenstände für eine phantasievolle Collage aus, die deinen Wohnort „porträtiert".

JACQUELINE PERCY *Spaziergang, 1993*

Diese Collage entstand aus Papierstreifen sowie aus Pastellkreiden und Ölfarben.

Einführung in das Zeichnen

Seit Urzeiten malt und zeichnet der Mensch. Auch du hast vermutlich schon gezeichnet, sobald du einen Stift in deiner kleinen Hand halten und damit auf einem Stück Papier kritzeln konntest. Zeichnen ist eine Sprache, und so wie du dich anderen Menschen durch Schreiben und Sprechen mitteilst, kannst du es auch durch Zeichnen. Wenn du zu jemandem sprichst, wählst du die richtigen Worte und den richtigen Tonfall. Genauso brauchst du beim Zeichnen die richtigen Materialien und Techniken, damit du deine Gedanken zum Ausdruck bringen kannst. In diesem Buch lernst du die Ideen und Techniken anderer Künstler kennen und kannst versuchen, sie in deinen eigenen Zeichnungen anzuwenden. Das kann dir helfen, Kunst zu verstehen, und kann deine Freude am Zeichnen wecken.

Felsmalereien der Ureinwohner
Diese vorgeschichtlichen Bilder von Känguruhs wurden in Australien gefunden.

Frühe Zeichnungen

Urmenschen zeichneten mit farbiger Erde und pflanzlichen Farbstoffen auf Felswände. Sie nutzten dabei oft die Unebenheiten der Fläche und machten ein Loch zu einem Auge oder einen Spalt zur Linie eines Beines.

Das Orginal

Keine gedruckte Abbildung einer Zeichnung kann die Erfahrung vermitteln, die der Anblick des Originals bietet. Die Größe einer Zeichnung sagt viel über ihre Bedeutung aus, und in Büchern ist nicht zu erkennen, wie groß ein Bild wirklich ist. Zeichnungen betrachtet man auch am besten aus der Nähe, so daß man die Oberflächenstruktur und die Art der Strichführung erkennt. In einem gedruckten Bild gehen viele der Einzelheiten verloren.

Nahaufnahme
So groß ist Isabellas Auge in der Originalzeichnung. Kannst du einige von Rubens' Kreidestrichen erkennen?

Zeichnen in Linien

Manche Zeichnungen gehen sehr ins Einzelne, und es dauert lange, bis sie fertig sind. Andere entstehen in nur kurzer Zeit. In dieser im Stil des englischen Künstlers Phil May ausgeführten Zeichnung wird der Charakter des Kindes mit nur wenigen Strichen dargestellt. Die Zeichnung konzentriert sich auf den weit geöffneten Mund, die hochgezogene Nase und die zusammengekniffenen Augen - Merkmale, die am meisten über das weinende Kind ausdrücken.

Beobachte dein Modell immer sehr genau und suche nach besonders ausdrucksstarken Merkmalen.

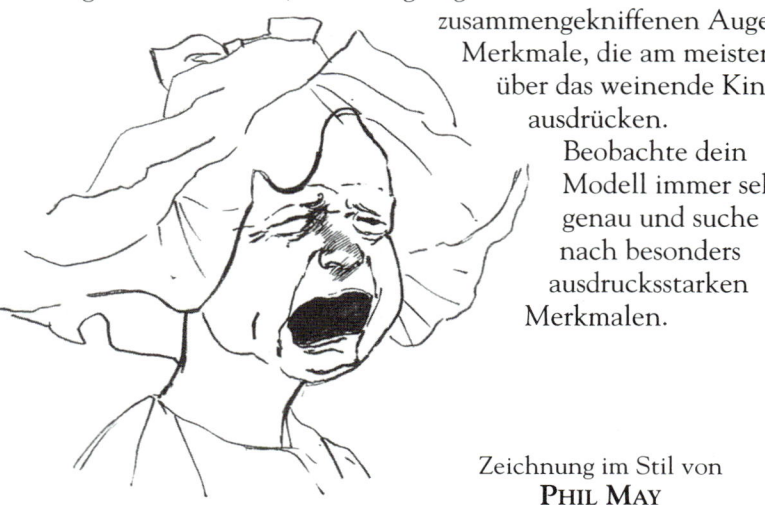

Zeichnung im Stil von
PHIL MAY

PETER PAUL RUBENS *Porträt der Isabella Brant, 1622*

In diesem Porträt seiner ersten Frau wendet Rubens die sogenannte „Drei-Kreide-Technik" mit schwarzer, weißer und rötlicher Kreide an. Dadurch erhält das Gesicht der Frau einen lebhaften Ausdruck. Erkennst du, wie Rubens die einzelnen Farben eingesetzt hat? Sieh dir an, wie er mit den Kreidestrichen glatte, rosige Wangen und lockiges Haar wiedergibt.

Bildideen

Ideen lassen sich überall finden du kannst dein Haus, deine Freunde, Familie, Haustiere, Landschaften oder Gegenstände zeichnen. Wähle ein Motiv, das dir etwas bedeutet, so daß deine Zeichnungen auch etwas über dich selbst aussagen.

Das Bleistiftsymbol

Überall dort, wo du dieses Symbol siehst, findest du eine Idee oder ein Thema für eine Zeichnung. Probiere die in diesem Buch vorgeschlagenen Arbeiten aus, aber nimm sie auch als Ausgangspunkt für eigenes Experimentieren beim Zeichnen.

Deine eigenen Zeichnungen

Hin und wieder werden in diesem Buch Techniken gezeigt, mit denen du experimentieren kannst. Doch laß beim Zeichnen deinen eigenen Ideen und Gefühlen freien Lauf und denke nicht, daß du wie ein Erwachsener ans Werk gehen sollst. Picasso, einer der größten Künstler des 20. Jahrhunderts, hat einmal gesagt, daß er sein ganzes Leben brauchte, um wie ein Kind zeichnen zu lernen!

LUCIEN (9 Jahre alt)
Ein Vogel, 1994

Fantasievolle Ideen

Beim Zeichnen geht es nie darum, das, was man sieht, einfach nur abzuzeichnen. Jede Zeichnung ist eine Schöpfung aus Strichen auf einer Fläche, die uns ebensoviel über den Künstler oder die Künstlerin erzählt wie über das, was er oder sie zeichnete.

Tuschekleckse
Mit etwas Fantasie kannst du in abstrakten Formen wie Flecken oder Tusche-klecksen Bilder erkennen.

Von anderen Künstlern lernen

Aus den Bildern anderer kannst du eine Menge lernen. In diesem Buch findest du immer wieder Werke von Künstlern verschiedener Epochen und Kulturen. Manchmal wird auf bestimmte Details hingewiesen, damit du besser erkennen kannst, welche Effekte damit erzielt wurden.

PABLO PICASSO *Kopf, 1912*

Anders als in der Zeichnung von Rubens auf der gegenüberliegenden Seite zeigt die dunkle, kräftige Kohlezeichnung von Picasso einen Kopf, dessen Züge so verzerrt sind, daß er wie der eines Außerirdischen aussieht. Zu der Zeit, als er dies zeichnete, war Picasso an afrikanischen Masken interessiert und versuchte, etwas von ihrer Ausdruckskraft in diesem Werk zu vermitteln.

Techniken

Im ganzen Buch findest du immer wieder Anleitungen, wie du die Techniken des Zeichnens erlernen kannst - wie du zum Beispiel ein Raster anfertigst, um dein Werk zu vergrößern, oder wie du Menschen in Bewegung zeichnest. Es macht nichts, wenn deine Zeichnungen nicht wie die Fotos aussehen. Sie sind ja nur als Hilfe für dein eigenes Arbeiten gedacht.

Anleitungen
Schritt-für-Schritt-Fotos und Anweisungen geben praktische Hilfe beim Erlernen neuer Techniken.

Zeichnungen aufbewahren

Wahrscheinlich hast du nicht genug Platz, um alle deine Zeichnungen an die Wand zu hängen, darum brauchst du etwas, wo du sie sicher aufbewahren kannst. Wenn du deine Bilder sorgfältig weglegst, werden sie weder beschädigt noch verblassen. Du kannst sie lose in eine Mappe tun oder in ein Sammelalbum kleben. Auch ein Pappkarton in der richtigen Größe ist für die Aufbewahrung geeignet. Eine richtig große Zeichnung schützt du am besten, indem du sie locker aufrollst. Nimm Gummibänder, damit sie aufgerollt bleibt, oder stecke sie in eine große Papprolle.

Sammelalbum für Zeichnungen

Sei vorsichtig
Wenn du mit weichen Materialien wie Pastell-, Kreide- oder Kohlestiften zeichnest, solltest du darauf achten, daß sie nicht verschmieren.

Keine Flecken
Du kannst deine Zeichnung mit einem Fixativ aus der Sprühdose vor Verschmutzung schützen. Breite Zeitungen aus und lege deine Zeichnung darauf. Sprühe Fixativ dünn und gleichmäßig über die ganze Fläche. Laß es trocknen und sprühe dann noch einmal.

Fixativ in der Sprühdose
Bitte einen Erwachsenen um Hilfe, wenn du die Sprühdose mit Fixativ benutzt.

Schmiereffekte
Wenn du eine Kohlezeichnung absichtlich verwischen willst, kannst du einen Knetgummi benutzen.

Seidenpapier
Eine Zeichnung, die du besonders gern hast, schützt du am besten, indem du sie mit Seidenpapier abdeckst. Schneide das Seidenpapier so zu, daß es genauso breit, aber etwas länger als deine Zeichnung ist. Lege das Papier am unteren Rand der Zeichnung genau auf und klappe das überstehende Stück oben über das Bild. Klebe es auf der Rückseite mit Klebstoff oder Klebeband fest.

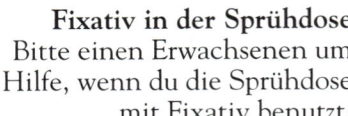

Sauberhalten
Wenn du mit Kohle zeichnest, lege ein Stück sauberes Papier über den Teil der Zeichnung, an dem du gerade nicht arbeitest, damit nichts verschmiert.

LÉON BONVIN *Innenraum mit Stilleben, um 1856*

Diese Kohlezeichnung wurde geschaffen, bevor Fixative in Sprühflaschen erfunden waren. Bonvin benutzte „Schellack", eine alkoholartige Lackart, die er mit einem Blasröhrchen auftrug.

Nicht verwischter Kohlestrich

Verwischter Kohlestrich

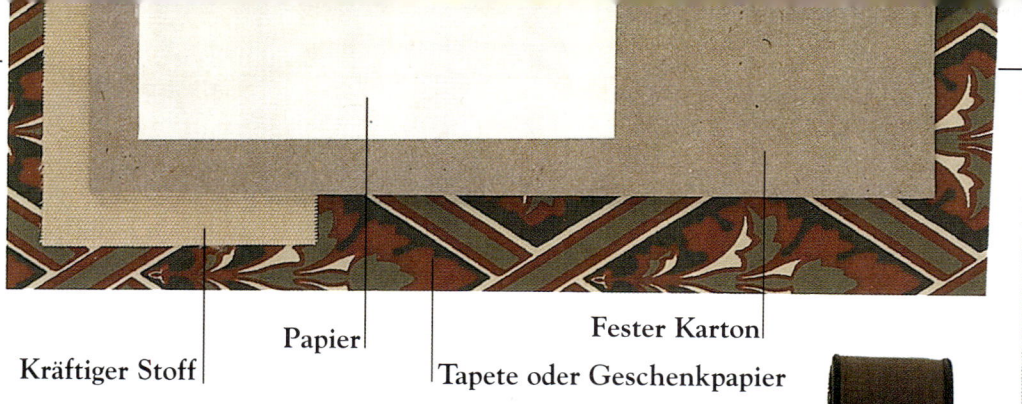

Kräftiger Stoff · **Papier** · **Fester Karton** · **Tapete oder Geschenkpapier**

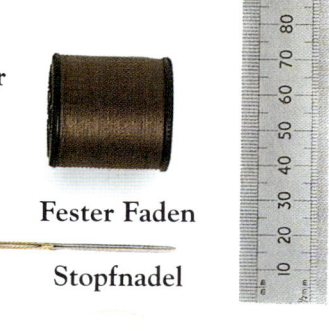

Fester Faden

Stopfnadel

Lineal

Stoffklebeband

Ein Buch für deine Zeichnungen

Ein festes Buch, in dem du deine Zeichnungen aufbewahren und in dem du skizzieren kannst, ist sehr sinnvoll. Du kannst dir selbst eines anfertigen, so groß, wie du es haben möchtest: ein riesiges für großformatige Bilder oder ein kleines für die Tasche. Welches Papier du für die Seiten wählst, hängt davon ab, wofür du sie verwenden willst. (Auf den Seiten 38-39 findest du Vorschläge, wozu du dein Buch brauchen kannst.) Alles, was du benötigst, kannst du in einem Bastelladen oder einem Geschäft für Mal- und Zeichenbedarf kaufen.

Einband aus Karton · **Buchrücken** · **Stoff für Rücken** · **Gefaltetes Papier für die Seiten**

1 Schneide zwei Stücke Karton für die Deckel des Bucheinbands zu. Schneide dann zwei Stücke Tapete etwas größer als die Deckel zu. Schneide einen schmalen Streifen Karton für den Buchrücken und einen Streifen Stoff, der ihn bedeckt. Für die Seiten faltest du Papierbögen in die Mitte. Beschneide die Ränder so, daß sie etwas kleiner als die Buchdeckel sind.

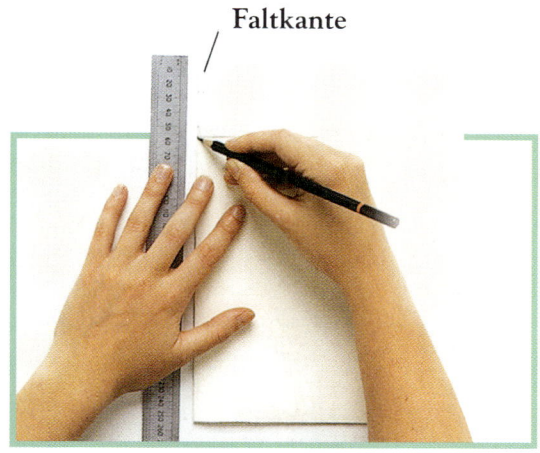

Faltkante

2 Miß die Breite des Stoffstreifens. Teile dann die Seitenhöhe in fünf ungefähr gleiche Abschnitte ein. Markiere bei jedem Abschnitt die Breite des Stoffklebebands an der Faltkante des Papiers.

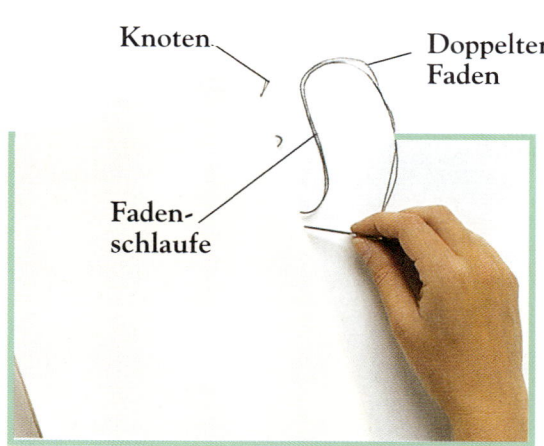

Knoten · **Doppelter Faden** · **Fadenschlaufe**

3 Stich die Nadel mit dem Faden oben durch die Faltkante. Schiebe sie an der ersten Markierung heraus und an der zweiten wieder hinein; laß dabei eine Schlaufe stehen. Wenn du unten bist, schneide den Faden ab, verknote ihn aber nicht.

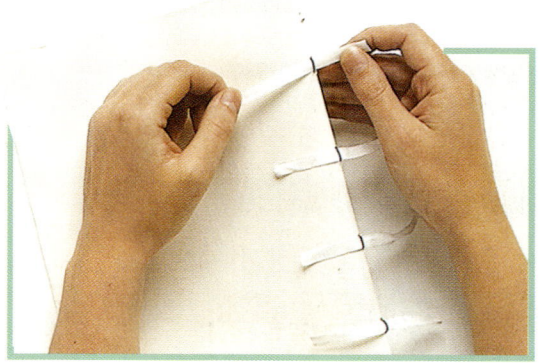

4 Schneide vier Stücke vom Klebeband ab. Stecke je eines durch eine der Schlaufen, wobei die Klebeseite nach oben zeigt und das Papier nicht berührt. Ziehe den Faden fest und verknote das Ende.

Klappe diesen Teil um

Lücke

5 Tropfe etwas Klebstoff auf den Stoffstreifen und lege dann den Buchrücken in seine Mitte. Lege an jede Seite einen der Buchdeckel und laß dabei jeweils eine kleine Lücke. Falte den Stoff oben und unten um.

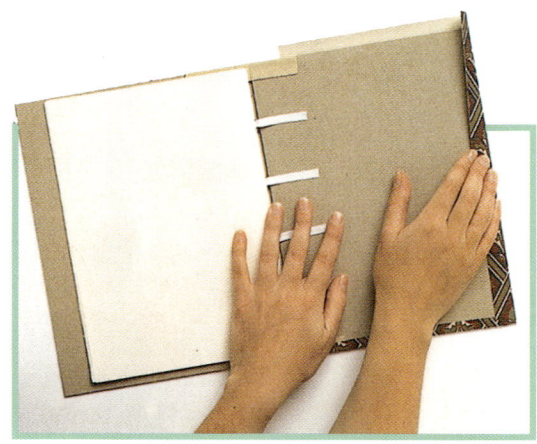

6 Lege die Seiten auf die Buchdeckel und klebe das Klebeband auf dem Karton fest. Verteile Klebstoff auf der Außenseite jedes Buchdeckels und befestige die Tapete darauf. Falte die Ränder sorgfältig um.

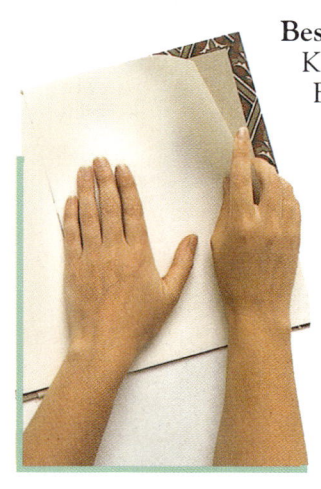
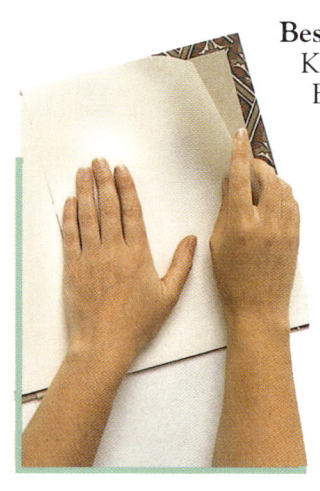

Beschweren

Klappe das fertige Buch zu und lege ein paar schwere Bücher darauf. Laß es etwa eine Woche liegen, bis der Klebstoff getrocknet ist.

7 Schneide zwei Bögen Papier etwas kleiner als die Deckel zu. Klebe sie auf deren Innenseiten, damit sie ordentlich aussehen.

Das Zeichenmaterial

Du brauchst dich beim Zeichnen nicht auf Bleistift und weißes Papier zu beschränken. Sieh dir an, wie sorgfältig die Künstler in diesem Buch die für ihre Zeichnungen am besten geeigneten Materialien und Arbeitsweisen ausgewählt haben. Laß dir Zeit, bevor du entscheidest, welche Bildträger, Werkzeuge und Techniken du für deine Zwecke einsetzen möchtest. Jedes Zeichengerät, ob eine Ölpastellkreide oder eine in Tusche getauchte Feder, ist wie ein Musikinstrument, das seinen eigenen Tonumfang und Charakter hat.

Feiner Minenstift | **Dicker Minenstift** | **Pinselminenstift** | **Gekerbter Minenstift**

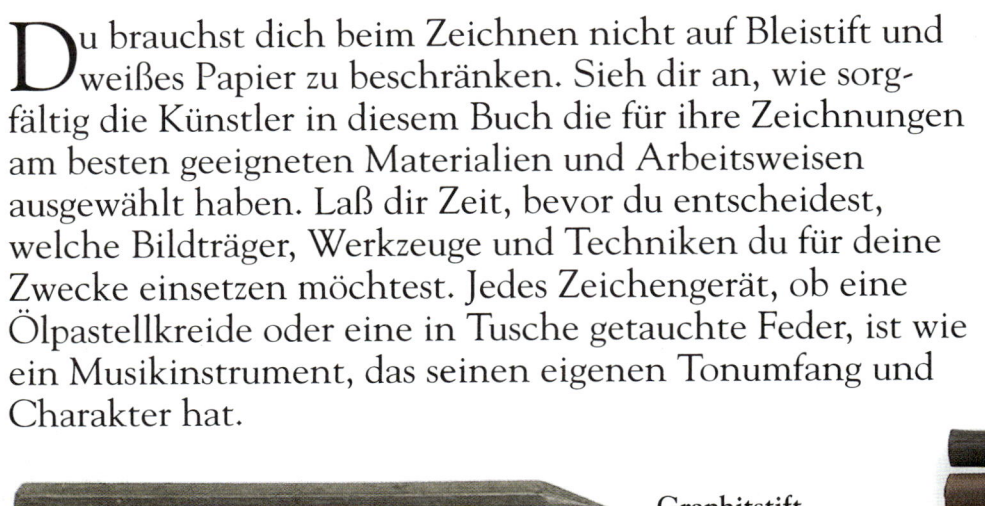

Graphitstift

Dicke Kohle

Mittelstarke Kohle

Dünne Kohle

Harter Bleistift (HB)

Weicher Bleistift (6B)

Skizzierstift

weiche Pastellkreiden

Große weiche Pastellkreiden

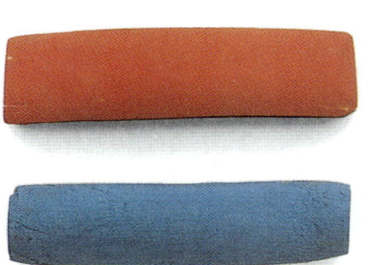

Weiche Pastellkreiden
zerbröckeln leicht und müssen darum vorsichtig behandelt werden. Um eine gute Auswahl an Farben zu haben, kauft man am besten eine Zusammenstellung im Kasten.

Wattestäbchen

Radiergummi

Knetgummi
zum Ausradieren von weichem Bleistift, Kohle oder Pastellkreide.

Ein weicher Ton
Du erzielst weiche Töne, wenn du deine Kohlezeichnung mit einem Wattestäbchen verwischst. Du kannst so auch Töne vermischen.

Anspitzer
Wenn du eine feine, genaue Linie brauchst, muß der Stift immer spitz sein. Willst du dagegen einen weichen, verschwommenen Ton erhalten, nimmst du einen stumpfen Stift.

Wasserlösliche Buntstifte

Buntstifte

Bleistifte tragen Buchstaben und Zahlen, die angeben, wie hart oder weich sie sind und wie fest. So ist zum Beispiel ein HB-Bleistift hart und hell, während ein 6B weich und dunkel ist. Buntstifte haben keine Härtegrade; sie werden nach Farben verkauft.

Wachsstifte

Holzspieße oder Zahnstocher
zum Zeichnen auf einer Wachsfläche.

Blaue Tusche

Gelbe Tusche

Rote Tusche

Schwarze Tusche

Tuschfeder

Federkiel
Feder und Tusche werden schon seit Jahrhunderten zum Zeichnen benutzt. Ein aus einer Gänsefeder gefertigter Federkiel ist das gebräuchlichste Zeichengerät, obwohl auch Schilfrohr und Bambus verwendet wurden.

Balsaholz kann zum Zeichnen mit Tinte und Tusche verwendet werden. Schneide es dir zurecht.

Braunes Packpapier (matte Seite)

Ölpastellstifte sind klebriger als weiche Pastellstifte, weil sie Öl enthalten. Sie lassen sich gut miteinander verreiben.

Ingres-Papier

Säurefreies Zuckerpapier

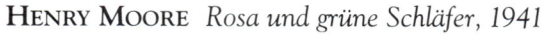
HENRY MOORE *Rosa und grüne Schläfer, 1941*

In London suchten die Menschen im zweiten Weltkrieg vor den Bombenangriffen der Deutschen Schutz in U-Bahnschächten. Henry Moore skizzierte diese beiden unruhigen Schläfer in den dunklen Tunneln. Er zeichnete mit Wachsstiften und setzte später mit dem Pinsel Wasserfarben darüber. Da Wachs wasserabweisend ist, bleibt die Zeichnung erkennbar. Siehst du, wie diese Technik die dramatische Stimmung einfängt und die ganze Form der Gestalten, nicht nur ihre Umrisse zeigt?

Weißes Ingres-Papier

Harte Kreidestifte gibt es in vielen Farben.

Wasserfarbenpapier

Wasserfarbenpinsel werden in vielen Größen angeboten und haben keilförmige oder stumpfe Spitzen.

Papier gibt es in allen möglichen Farben, Oberflächenstrukturen und Gewichten. Die verschiedenen Zeichenmaterialien erzeugen auf jeder Papiersorte eine andere Wirkung.

Wasserfarben werden im Handel in kleinen Farbnäpfchen oder flüssig in Tuben angeboten.

Pastellpapier

Schwamm zum Benetzen

Wasserfarbenpalette zum Mischen von Farben und Verdünnen von Tuschen.

Skizzenblock

Linien und Striche

Die Linie ist das Grundelement in jeder Zeichnung, im ersten Gekritzel eines Kleinkinds wie im ausgearbeiteten Plan eines Erfinders. Linien kann man auf sehr verschiedene Weise zeichnen. Wenn das verwendete Gerät eine biegsame Spitze hat, kann man die Qualität einer Linie dadurch ändern, daß man viel oder wenig aufdrückt. Ob man lange, gebogene oder kurze, unterbrochene Linien verwendet, wird die Qualität und die Aussage der Zeichnung beeinflussen. Unregelmäßige Linien können zum Beispiel einen unruhigen, düsteren Eindruck erzeugen, während weiche, fließende Linien ruhig und friedlich wirken. Überlege dir, welche Stimmung deine Zeichnung zeigen soll, und versuche Linien zu benutzen, die dies ausdrücken.

Conté-stift

Bleistift

Feder

Bäume wie Flammen
In van Goghs Zeichnung unten sind die Zypressen mit schweren, schwarzen, nebeneinander gesetzten Federstrichen gezeichnet. Sie scheinen wie dunkle Flammen in der Landschaft zu lodern.

Kurven
Van Gogh benutzte für die Berge im Hintergrund dicht nebeneinander gelegte, gekurvte Linien, die wie Wellen über das Bild fließen.

Punkte
Schwarze und graue Punkte deuten die Spitzen der Weizengarben an.

Wellenlinien
Mit feinen, wellenförmigen Linien sind die am Himmel ziehenden Wolken angedeutet.

VINCENT VAN GOGH *Weizenfeld mit Zypressen, 1889*

Der niederländische Maler van Gogh glaubte, daß die Natur voller geheimnisvoller Kräfte ist. Diese Zeichnung zeigt ein Kornfeld, dessen Ähren sich im Wind wiegen und über das hohe Wolken hinwegziehen. Jede Pflanze, jeder Hügel in der Zeichnung ist durch eine andere Strichart beschrieben, wodurch eine rhythmische und fließende Bewegung durch die Landschaft entsteht.

Verschiedene Linien

Experimentiere bei ein und demselben Motiv mit verschiedenen Arten von Linien. Beobachte, wie sich dadurch die Wirkung des Bildes verändert.

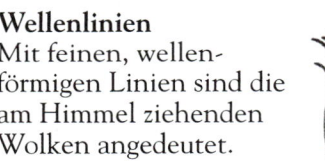

Gepunktete Linien
In diesem ersten Bild besteht die Linie aus Punkten, wodurch der Hase sanft und weich aussieht.

Kurze Striche
In diesem Bild wird eine Mischung aus Linien und kurz abgesetzten Strichen benutzt. Wie wirkt der Hase jetzt auf dich?

Durchgezogene Linie
Mit kräftigem, gleichmäßigem Druck erhält man eine durchgehende, fließende Linie, die den Hasen wilder und härter aussehen läßt als in den anderen Zeichnungen.

Feine Kohle   **Mittelstarke Kohle**   **Graphit-stift**

Linien und Gefühle

Versuche, mit Linien eine Stimmung oder ein Gefühl zum Ausdruck zu bringen. Nimm dazu verschiedene Zeichengeräte und verschiedenfarbiges Papier.

Wähle eine Papierfarbe:

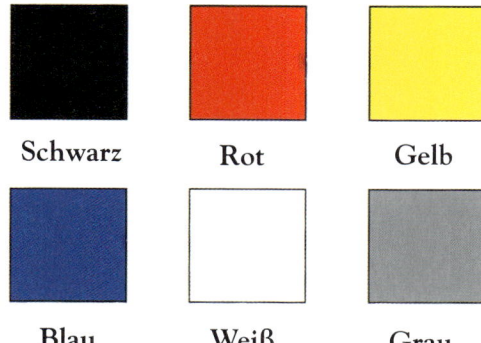

Schwarz   **Rot**   **Gelb**

Blau   **Weiß**   **Grau**

Wähle eine Stimmung aus, die du zeichnen willst:

Ärger	Wut
Glück	Angst
Traurigkeit	Ruhe
Einsamkeit	Langeweile
Humor	Freude
Müdigkeit	Vertrauen

ERNST LUDWIG KIRCHNER *Berliner Straßenszene, 1913*

Der Berliner Maler Kirchner war ein Expressionist, der Gefühle mit stark betonten Linien ausdrückte. Das Großstadtleben faszinierte ihn, und er malte viele Straßenszenen. In dieser Pastellzeichnung drückte er mit grellen Farben und starken dunklen Linien die aggressive Atmosphäre im Straßengedränge aus.

Kurze Drehung des Handgelenks
Eine Zickzacklinie genügt für die weißen Federn im Damenhut.

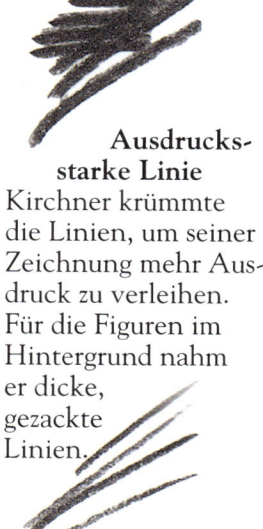

Ausdrucks-starke Linie
Kirchner krümmte die Linien, um seiner Zeichnung mehr Ausdruck zu verleihen. Für die Figuren im Hintergrund nahm er dicke, gezackte Linien.

Lebhafte Linien
Die leichteren Kritzeleien verstärken den Eindruck lebhafter Bewegung.

Beinarbeit
Für sich allein sind diese schwarzen Linien kaum als ein Fuß oder ein Bein zu erkennen.

Unten siehst du zwei Zeichnungen, auf denen Kinder ihre Gefühle und Ängste ausdrücken.

Spontanes Zeichnen

Zeichne auf einem großen Bogen Papier kräftige, fließende Linien und benutze dabei den ganzen Arm, nicht nur deine Hand. Laß das Zeichengerät frei und schwungvoll über das Papier gleiten und vergleiche dann das Ergebnis mit einer Zeichnung, in der du kleinere, kontrollierte Handbewegungen eingesetzt hast.

GARRY (7 Jahre alt) *Wut, 1994*
Schwarze und blaue Wachsstifte auf weißem Papier

ROSEMARY
(11 Jahre alt)
Traurigkeit, 1994
Bleistift auf gelbem Papier

Licht und Schatten

Die Art, wie Licht auf einen Gegenstand fällt, zeigt seine Form und seine Textur. Hast du schon einmal auf den Kontrast zwischen Licht und Schatten an Sonnentagen und die gedämpfteren Töne an bedeckten Tagen geachtet? Eine Zeichnung entsteht gewöhnlich aus dunklen Strichen auf hellerem Papier; das heißt, wir zeichnen den Schatten und nicht das Licht. Den gemalten Effekt des allmählichen Übergangs nennt man „Chiaroscuro", das ist Italienisch und bedeutet „Helldunkel". Berücksichtige beim Zeichnen immer, aus welcher Richtung das Licht einfällt, sieh dir die vom Licht beschienenen Stellen, die dunklen Stellen und die Bereiche dazwischen an.

LEONARDO DA VINCI *Felsgrottenmadonna, um 1483*

Silberstift ist eines der ältesten Zeichenmittel. Ein Stück reines Silber wird über die Oberfläche eines besonders beschichteten Papiers gezogen und hinterläßt eine feingraue Silberspur, die mit der Zeit nachdunkelt. Die so entstandenen Striche sind sehr zart, fast geisterhaft. Die Schattierungen im Gesicht der Madonna bestehen aus Hunderten von feinen parallelen Strichen, während die Wange, auf die das Licht fällt, eine einzige, sich auflösende Linie ist. Erkennst du die Ähnlichkeit zwischen Leonardos Bearbeitung des ovalen Gesichts und dem auf das Ei fallenden Licht?

Tonwerte

Die Helligkeit oder Dunkelheit einer Farbe, wie zum Beispiel die Grautöne im allmählichen Übergang von Schwarz nach Weiß, nennt man „Tonwert". Unterschiede im Tonwert können auf sehr verschiedene Art dargestellt werden. Übe einige der unten gezeigten Techniken.

Glatt wie ein Ei
Daß ein Ei eine glatte, gerundete Oberfläche hat, kannst du daran erkennen, daß der Schatten langsam von Dunkel in Hell übergeht.

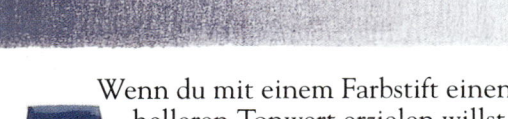

Wenn du mit einem Farbstift einen helleren Tonwert erzielen willst, mußt du beim Auftragen allmählich weniger Druck ausüben.

Verdünne Tinte mit Wasser, um den Tonwert aufzuhellen.

Helle einen Kreidestift mit Weiß auf.

Verreibe Kohle mit dem Finger, bis sie verblaßt

JOHN CONSTABLE
Kiefern bei Hampstead, 1820

Siehst du, wie sich die blassen Stämme von den dunklen Nadeln abheben? Das Sonnenlicht scheint von links zu kommen.

Textur schaffen

Mit verschiedenen Techniken kann man unterschiedliche Texturen oder Oberflächenbeschaffenheiten andeuten. Experimentiere mit Strichen und Tonwerten und nimm dazu verschiedene Zeichenmittel.

Punkte
Zeichnen mit Punkten nennt man „Punktieren". Der Tonwert läßt sich durch eine Vergrößerung der Punkte und des Abstandes zwischen ihnen ändern.

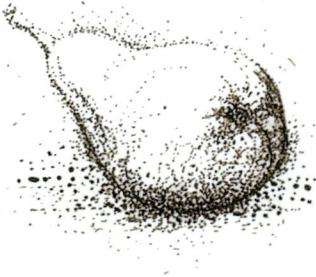

Zickzack
Du kannst auch Schatten kritzeln. Ändere dabei den Druck und auch die Dichte der Linien.

FRANCIS UNWIN *Hotels in Cromer, 1920*

Künstler setzen Schatten auch ein, um bestimmte Stimmungen zu erzielen und den Blick des Betrachters zu lenken. In dieser Uferszene verwendete Francis Unwin Licht und Schatten nicht nur, um die Formen der Gebäude zu zeichnen, sondern auch, um die Stimmung eines Sturmtages zu vermitteln. Beim Betrachten des Bildes kann man sich vorstellen, daß ein Gewitter im Hintergrund grollt und jeden Moment Blitze vom Himmel zucken könnten.

Schraffur und Kreuzschraffur
Unwin erzielt dunklere Tonwerte, indem er viele parallele Striche grob nebeneinandersetzt - eine Technik, die man „Schraffur" nennt. An einigen Stellen kreuzte er die Linien mit einer anderen Strichlage. Das nennt man „Kreuzschraffur". Kannst du auch auf Leonardos Bild Schraffuren erkennen?

Einfache Formen

Wenn du einen Gegenstand zeichnen willst, beobachte genau, woher das Licht kommt und wie Licht und Schatten die Form des Gegenstands hervortreten lassen. Versuche, diese Beobachtungen bei einfachen Formen anzuwenden. Nimm Schwarz oder dunkle Farben für den Schatten, Weiß für die im Licht liegenden Bereiche, und zwei dazwischen liegende Tonwerte für die Abstufungen. Dein flaches Bild gewinnt so Plastizität.

Gerade Flächen
Bei diesen Formen ist die Abstufung der Schatten sehr deutlich zu erkennen. Jede Seite hat einen anderen Schatten.

Schatten
Vergiß auch nicht den Schatten, den der Gegenstand auf den Untergrund wirft.

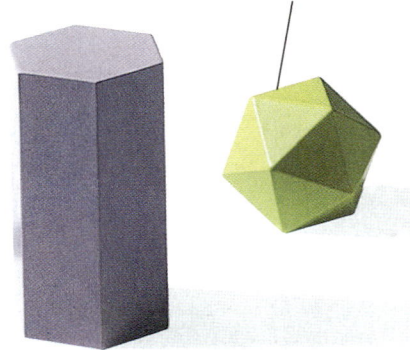

Gerundete Flächen
Hier wird der Schatten allmählich dunkler.

49

Farben einsetzen

Eine Zeichnung muß nicht schwarzweiß sein. Du kannst auch mit Farbstiften, Tinten oder Tuschen zeichnen oder mit farbigem Papier experimentieren. Und du weißt: die Farbe braucht nicht unbedingt der Realität oder der Natur entsprechen. Wie in der Malerei kann Farbe auch beim Zeichnen eingesetzt werden, um eine Stimmung zu vermitteln oder einen dekorativen Zweck zu erfüllen. Leuchtende, kontrastreiche Farben erzeugen einen ganz anderen Eindruck als weiche, ähnliche oder harmonierende Farben.

Komplementärfarben

Rot und Grün, Blau und Orange, Gelb und Violett nennt man „Komplementärfarben". Sie sind die kontrastreichsten Farbpaare. Trägt man sie nebeneinander auf, hat jede Farbe ihre stärkste Leuchtkraft.

Primärfarben

Rot, Blau und Gelb nennt man „Primärfarben", das heißt „erste Farben" oder „Grundfarben". Alle anderen Farben lassen sich durch Mischen dieser drei Farben erzielen.

Sekundärfarben

Durch Mischen von zwei Primärfarben erhält man „Sekundärfarben" (Zweitfarben).

Blau und Gelb ergeben Grün

Rot und Blau ergeben Violett

HANS HOFMANN *Farbintervalle in Provincetown, 1943*

Der in Deutschland geborene amerikanische Maler Hans Hofmann experimentierte mit der Art, wie bestimmte Farben sich von einem weg zu bewegen scheinen, während andere auf einen zukommen. Er nannte dies „Schweben und Ziehen" der Farben. In diesem Bild von einem amerikanischen Badeort zeichnete er die Umrisse der Formen mit Tusche und füllte die Räume zwischen den Linien grob mit Farbe. Die Farben haben nichts mit der Wirklichkeit zu tun, sondern verbinden sich zu abstrakten Mustern mit ganz eigenen Wirkungen.

Farbwirkung

Hofmann hat komplementäre Farbpaare nebeneinander gestellt, um so seinem Bild Wirkung und Leuchtkraft zu geben. Kannst du sie finden?

Kalte Farben

Licht und Farbe
Das blasse Rosa und grüne Tupfer im Kronleuchter kontrastieren mit hellen Farben von Lydias Kleid und Haar. Sieh dir an, wie das weiße Licht vom Kronleuchter auf Lydias bloße Schulter fällt.

Starker Kontrast
Lydias zitronengelbes Kleid hebt sich stark von dem violetten Schatten des Stuhlkissens hinter ihr ab. Diese Farben sind komplementär und sehen darum beide besonders kräftig aus.

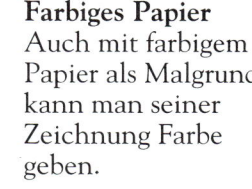

Farbiges Papier
Auch mit farbigem Papier als Malgrund kann man seiner Zeichnung Farbe geben.

Hauttöne
Anstatt einfach nur einen rosa Farbton zu verwenden, baute Mary Cassatt die Farbe mit leicht hingesetzten blauen, gelben und rosa Zickzacklinien auf. Die Farben scheinen sich zu vermischen und ergeben so Farbton und Textur von Lydias Haut.

MARY CASSATT *Im Theater (Frau in einer Loge), um 1879*

Mary Cassatt war eine amerikanische Malerin, die im ausgehenden 19. Jahrhundert in Paris lebte. Dieses lebendige Pastellbild zeigt ihre Schwester Lydia in der Oper. Man kann sich gut vorstellen, wie die Künstlerin in der Ecke der Opernloge sitzt und ihre Schwester in der schönen Abendgarderobe zeichnet. Die hellen Farben sind mit schnellen Pinselstrichen aufgebaut. Die Striche wurden nicht verwischt, so daß die Oberfläche des Papiers sowie die darunterliegenden Farben durchschimmern.

Stimmung schaffen
Farben, die Rot enthalten - Orange, Goldgelb und Scharlach - nennt man „warm". Sie lassen uns an Feuer und Sonnenwärme denken. Farben mit viel Blau heißen „kalt". Sie erinnern an Wasser, Eis und Pflanzen. Warme und kalte Farben beeinflussen die Stimmung deines Bildes. Sie erzeugen auch den Eindruck von Tiefe, denn warme Farben scheinen sich zu dir hin zu bewegen, während kalte Farben sich entfernen.

Warme Farben

1 Zeichne mit farbigen Kreiden oder Wachsstiften zweimal das gleiche Bild. Benutze für das erste Bild nur kalte Blau- und Grüntöne.

2 Nimm warme Farben wie Orange, Purpur, Rot und Gelb für das andere Bild. Wie empfindest du die unterschiedlichen Stimmungen der beiden Bilder?

Umriß und Form

Künstler zeichnen Umriß- oder Konturlinien, um zu zeigen, wo ein Gegenstand aufhört oder wo er sich von einem anderen absetzt. Lege eine Schere auf Papier und zeichne ihren Umriß. Wenn die Linie gleichmäßig dick ist, wird dein Bild flach aussehen. Du kannst die Schere aber auch rund oder plastisch wirken lassen, indem du die Strichstärke veränderst oder Schatten einsetzt. Oft wählen Künstler flache Umrisse oder Formen als Gestaltungsmittel. Manchmal bringt es Spaß, sich mehr auf die äußere Form eines Motivs als auf seine plastische Erscheinung zu konzentrieren.

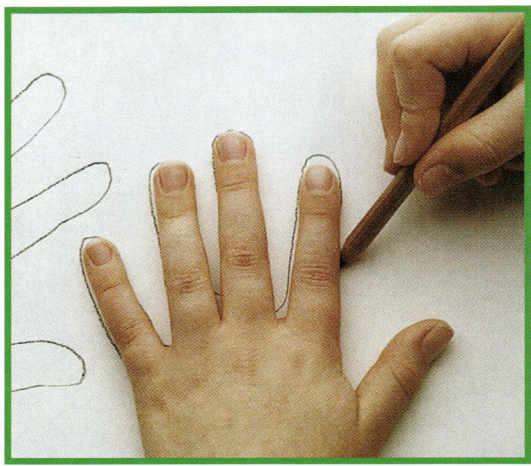

Formen herstellen
Zeichne Gegenstände mit sehr klaren und unterschiedlichen Umrissen voller Kurven und Ecken und schneide sie aus.

Formen verbinden
Schiebe die ausgeschnittenen Formen hin und her, bis du andere interessante Formen geschaffen hast.

FERNAND LÉGER *Der Geburtstag, 1950*

Der französische Maler Léger verlieh seinen Figuren mit starken schwarzen Umrißlinien das Aussehen von Statuen oder Denkmälern. Er war nicht an der photographisch genauen Wiedergabe seiner Motive interessiert, sondern wollte eigenwillige dekorative Bilder von einfachen Menschen schaffen.

Ein einfacher Umriß
Zeichne den Umriß deiner Hand erst mit einer dünnen, dann mit einer dicken Linie. Du wirst sehen, wie unterschiedlich die Umrisse wirken.

Papierschnitt zu Collagen
Zeichne die Umrisse mehrerer Motive. Verwende farbiges Papier oder male die Formen aus.

Schneide oder reiße die Formen aus und klebe sie auf ein anderes Stück Papier. Du kannst sie zu neuen Formen übereinanderlegen oder sie getrennt lassen.

Silhouetten zeichnen

Hast du schon einmal mit deinen Fingern Schattenfiguren auf die Wand geworfen? Schatten oder Silhouetten entstehen, wenn du ein Objekt zwischen eine Lichtquelle und eine Papier- oder Stofffläche stellst. Versuche, solche Silhouetten nachzuzeichnen. Fange mit Hand- und Fußsilhouetten an und zeichne dann die Silhouette eines ganzen Körpers. Befestige einen großen Bogen Papier an der Wand und stelle einen Freund oder eine Freundin davor. Daraus kann man auch ein Spiel machen, bei dem versucht werden muß, jemanden an seiner Silhouette zu erkennen.

1 Bitte dein Modell, ganz still zu stehen, während du seinen Umriß auf das Papier zeichnest.

Dunkle und helle Formen

Wir ordnen die Dinge in unserer visuellen Welt nach ihren Formen ein. Oft erkennen wir einen Menschen oder einen Gegenstand schon in der Ferne an seiner Form, noch lange, bevor wir weitere Einzelheiten sehen können. Alles, was wir sehen, setzt sich aus den verschiedensten Formen zusammen. Sieh dich in deiner Umgebung um, und du wirst sie erkennen.

Verzerrtes Gesicht
In diesen beiden Bildern sind die gleichen dunklen Formen verwendet, aber im ersten sind die hellen Formen dazwischen nicht an der richtigen Stelle, so daß das Gesicht verzerrt aussieht.

Ruhiges Gesicht
In dieser Zeichnung sind die dunklen Formen richtig zusammengestellt, so daß die hellen Formen dazwischen die Züge des Gesichts erkennen lassen.

2 Fülle die Silhouette mit schwarzer Farbe oder Malkreide aus und schneide sie aus. Versuche, von deiner Familie oder von Freunden Porträtsilhouetten anzufertigen: Zeichne ihre Profile (Seitenansichten) auf schwarzen Karton und schneide sie aus.

Tiersilhouette
Zeichne einen einfachen Tierumriß und male ihn mit Tinte oder Wasserfarbe aus.

BRIAN GRIMWOOD *Die Rikscha,* 1994

Der Illustrator Brian Grimwood zeichnete viele Silhouetten mit Feder, Tinte und Wasserfarbe. Hier nahm er einen Pinsel, um die Form einer chinesischen Rikscha wiederzugeben. Siehst du, wie die einfachen Formen, zum Beispiel die Beine des Mannes und die Räder der Rikscha den Eindruck vermitteln, daß das Gefährt eilig gezogen wird?

Muster und Textur

Wo du auch hinsiehst, findest du Muster - in der Natur auf Federn, Blättern oder Muscheln und von Menschenhand auf Stoffen, Kacheln und Teppichen. Selbst deine Haut hat Muster, wenn du genau hinschaust. Manchmal besteht ein Muster nur aus Linien, ein andermal aus verschiedenen bunten Formen. Die Oberfläche all dieser Dinge hat auch ihre eigene Beschaffenheit, ihre Textur. Denk einmal darüber nach, wie Muster und Texturen auf der Oberfläche der Gegenstände zusammenwirken, und wie du diese Kombinationen in deinen Bildern umsetzen kannst. Experimentiere mit Mustern, die nur dekorativ sind, oder mache Zeichnungen, die Muster zu einem lebensechten Bild vereinen.

Muster in der Natur
Die leuchtende Zeichnung auf der Haut dieser giftigen Eidechse warnt andere Tiere. Natürliche Muster - auf Blättern, Insekten, Fischen oder anderen Lebewesen - können dir Ideen für Zeichnungen liefern.

Muster herausarbeiten

Nimm ein Blatt mit dicken Adern und mache davon ein „Rubbelbild".

1 Lege das Blatt mit der glatten Seite nach unten hin. Lege Papier auf das Blatt und reibe kräftig mit Malkreide darüber, bis sein Umriß und das Adermuster zum Vorschein kommen.

2 Nimm verschiedenfarbige Malkreiden und mache überall auf dem Papier Rubbelkopien von Blättern. Ziehe die Linien mit Buntstiften nach, damit das Muster stärker hervortritt.

3 Du kannst die Musterwiederholung dünn mit Wasserfarbe übermalen. Die Malkreide ist wasserabstoßend, so daß sich die Blattmuster deutlicher vom Untergrund hervorheben.

MAURITS CORNEILLE ESCHER *Reptilien, 1943*

Der niederländische Maler Escher war von optischen Täuschungen fasziniert. Er schuf dieses „Gedankenspiel", bei dem Reptilien aus einem flachen Muster lebendig werden, aus dem Bild herauskriechen, über den Tisch laufen und sich wieder in das flache Muster einfügen. Die weißen, hellgrauen und dunkelgrauen Reptilienformen passen wie Puzzleteile zusammen.

Natürlich und künstlich
Suche nach Mustern in der Natur oder auf von Menschenhand gefertigten Gegenständen.

Farbenpracht
Die klaren Farben von Perlen und Edelsteinen liefern schöne Muster.

Sieh genau hin
Sammle Muscheln und Kieselsteine und sieh dir ihr Muster durch das Vergrößerungsglas an.

SONIA BOYCE *Die Worte der großen Frau, 1984*

Sonia Boyce ist eine schwarze Engländerin, die in einer vorwiegend weißen Gesellschaft lebt. Sie sieht Familienbeziehungen als Symbol für das Überleben und den Kampf in der Gesellschaft. In diesem farbstarken und dekorativen Pastellbild stützt sich das Kind auf die Knie seiner Mutter. Auf den ersten Blick scheint alles in Ordnung, doch durch das Weglassen von Kopf und Armen der Mutter hat die Künstlerin Spannung in die üppigen Muster des Bildes gebracht.

Muster zeichnen

Zeichne Muster, die in der Natur vorkommen. Nimm dir vielleicht ein Vergrößerungsglas, damit du auch Muster entdeckst, die du auf den ersten Blick nicht siehst. Muscheln und andere Dinge am Strand haben interessante Muster.

LEILA (11 Jahre alt)
Muschelmuster, 1994

Zeichne eine Spirale
Dieses Fossil hat ein Spiralmuster. Sieh es dir eine Weile an, klappe dann das Buch zu und versuche es zu zeichnen.

Kratzen und Pausen

Außer dem Zeichnen mit schwarzen oder farbigen Strichen auf Papier gibt es noch viele andere Techniken. Du kannst den Malgrund mit ungewöhnlichen Texturen und Farben selbst gestalten oder ausgefallene Materialien als Zeichenmittel nehmen. Mach ein paar Versuche. Probiere die hier gezeigten Techniken aus oder erfinde eine neue Methode.

ZDENKA KABÁTOVÁ-TÁBORSKÁ *Der Reiher und der Krebs, 1992*

Diese Buchillustration sieht wie ein altmodischer Holzschnitt aus. Sie ist auf Schabpapier (schwarzer Karton mit einer weißen Unterschicht) ausgeführt, wurde dann fotokopiert und farbig ausgemalt.

Bunte Kratzbilder

Auskratzen ist eine interessante, von vielen Künstlern angewendete Zeichentechnik. Richtig heißt sie „Sgraffito", was auf Italienisch „gekratzt" bedeutet.

Bunte Wachskreiden

Holzspieß

1 Male als erstes deine Fläche mit zarten und kräftigen Farbfeldern aus.

2 Trage darüber eine dicke Schicht schwarze Wachsmalkreide auf.

3 Zeichne dein Bild mit einem scharfen Gegenstand wie einem Holzspieß durch die Wachsschicht.

Eine Zeichnung übertragen

Paul Klee benutzte diese einfache Technik, um Kopien oder geringfügige Veränderungen vieler seiner Bilder zu machen. Mit diesem Verfahren stellte er Tausende von Aquarellen her. Probiere es selbst mit einem deiner Bilder aus. Alles, was du brauchst, ist eine Resopalplatte, eine Farbrolle, schwarze Ölfarbe, Karton, Wasserfarben, Papier - und natürlich deine Originalzeichnung.

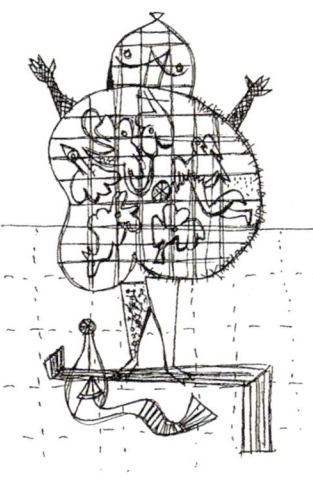

Originalzeichnung nach einer Arbeit von Paul Klee

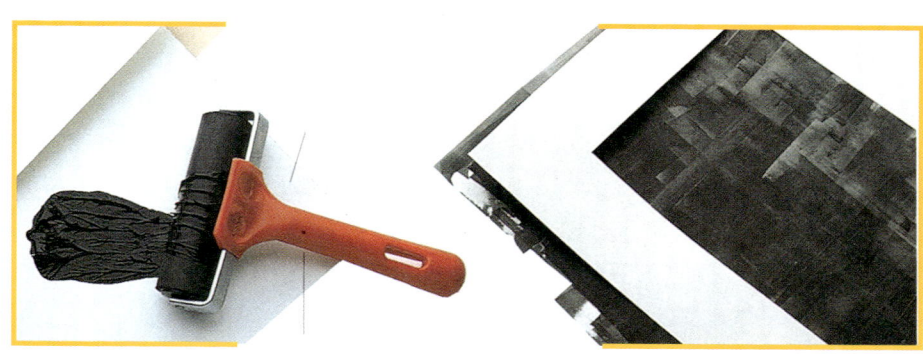

1 Trage ein oder zwei Kleckse schwarze Ölfarbe auf die Resopalplatte auf und walze sie mit der Rolle gleichmäßig und dünn aus.

2 Schneide ein viereckiges Passepartout und lege es auf die eingefärbte Fläche. Lege darauf ein Blatt Papier.

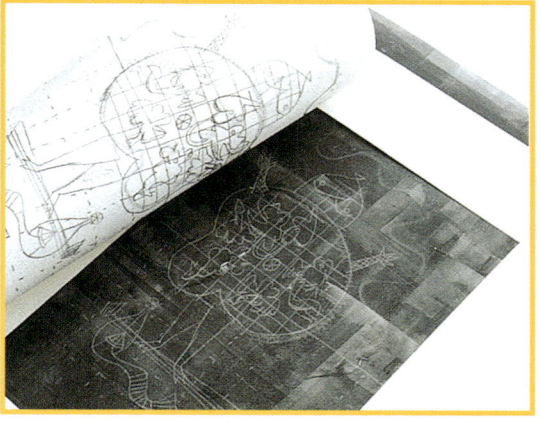

3 Lege dein Bild darauf, mit der Oberseite zu dir. Ziehe mit dem Bleistift mit kräftigem Druck die Linien des Bildes nach. Nimm beide Blätter wieder ab.

4 Übermale deine übertragene Zeichnung mit Wasserfarbe. Die Linien, die die Ölfarbe angenommen haben, bleiben scharf.

PAUL KLEE *Sie beißen an, 1920*

Paul Klee war ein deutsch-schweizerischer Maler und Grafiker, der fantasiereiche und oft humorvolle Bilder schuf. In dieser märchenhaften Kompostion eines fischenden Mannes benutzte Klee die auf dieser Seite gezeigte Übertragungstechnik, die er „Ölfarbenzeichnung" nannte.

Die übertragene Zeichnung ist fertig

Malen mit dem Pinsel

Das Zeichnen mit dem Pinsel in Tinten oder Wasserfarben gehört zu den interessantesten Techniken. In China und Japan hat die Pinselzeichnung eine lange Tradition für alle Themen und Motive. In diesen Ländern ist die Pinselzeichnung eng mit den fließenden Zeichen der Schrift verwandt. Vielleicht denkst du, daß man mit einem Pinsel nur malen und nicht zeichnen kann. Es gibt zwar keine festen Regeln, aber wenn dein Bild hauptsächlich aus Linien und Strichen besteht, ist es eher eine Zeichnung als ein Bild. Wenn du mit einem Pinsel arbeitest, mache nur einfache Linien und probiere aus, welche Wirkung du mit einer oder mehreren Farben erzielen kannst.

Die Farben dünn auftragen
Mit Wasserfarben (oben) oder Tinten kannst du sehr interessante Farbtöne erzeugen. Verdünne die Tinte oder Wasserfarbe in einer Schüssel mit Wasser. Trage sie mit einem großen Pinsel oder einem Schwamm auf.

Pinsel für Punkte und feine Linien

Flacher Pinsel für gerade, flache Linien

Mittelstarker Pinsel für alles

Dicke Pinsel für alles

Tinten für Pinsel

Pinselstriche

Bevor du mit einer Pinselzeichnung beginnst, übe zunächst die Striche, die wir hier zeigen, und probiere dann eigene Striche und Linien aus. Mache mit der Spitze des Pinsels einen Punkt, drücke dann sanft auf, um eine dickere Linie zu ziehen, und hebe den Pinsel wieder an, damit das Ende spitz zuläuft. Es macht nichts, wenn du nicht auf Anhieb fließende Linien schaffst. Male drauf los und kümmere dich nicht allzu sehr um das Endergebnis.

Ostasiatische Pinselstriche für Blumen

Pinselstriche für Gras

Pinselstriche für Rohrhalme

Asiatische Pinsel

Feiner Pinsel

Mittelstarker Pinsel

Breiter Pinsel

Asiatische Striche
Diese Pinselstriche für Pflanzen und Wasser gehören zum traditionellen visuellen „Vokabular" japanischer und chinesischer Pinselzeichnung.

Pinselstriche für Wasser

Tinte, mit breitem Pinsel aufgetragen

Tinte, mit mittelstarkem Pinsel aufgetragen

Tinte, unverdünnt aufgetragen

Tinte, mit Plakafarbe eingedickt

Nagasawa Rosetsu
Shoki, die dämonenbezwingende Kröte, um 1787

Mit nur wenigen schnellen Pinselstrichen schuf der japanische Künstler Rosetsu sehr lebendige Bilder von Tieren und Menschen. Die runden Augen und den großen Mund hat er mit einfachen, schwarzen Linien gemalt.

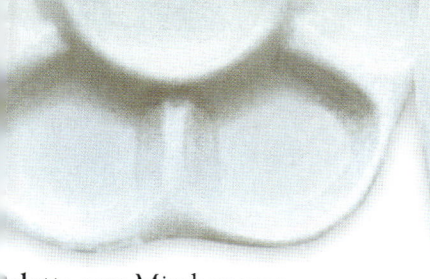

Das Arbeiten mit dem Pinsel

Probiere aus, welch verschiedene Wirkungen du erzielen kannst, wenn du mit einem nassen und mit einem trockenen Pinsel arbeitest, und wenn du deine Tinten und Wasserfarben unterschiedlich stark verdünnst. Wenn du mit einem trockenen Pinsel arbeiten willst, tauche den Pinsel in Tinte oder Farbe und tupfe ihn dann auf einem saugfähigen Stück Papier oder Lappen so ab, daß genug Feuchtigkeit auf dem Pinsel bleibt, um damit Striche zu machen.

Ein Motiv finden
Male zur Übung
verschiedene
Dinge mit
Wasserfarben.
Einfache Formen
sind für Wasser-
farben gut geeignet.

Fließende Blumen

Wenn du schon einige Übung im Gebrauch des Pinsels hast, kannst du dir ein Motiv suchen, das sich für fließende Linien eignet, wie zum Beispiel eine Vase, in der Tulpen mit gebogenen Stengeln stehen. Nimm Tinte oder Farbe und versuche, nur mit einer Farbe zu arbeiten. Nimm dann Farben, die deinem Motiv entsprechen. Suche nach den Grundformen und vermeide überflüssige Einzelheiten. Nimm weißes Papier und verdünne die Tinte oder Wasserfarbe, so daß das Weiß durchscheint.

RAOUL DUFY *Offenes Fenster bei Saint Jeannet, 1926*

Der französische Maler Dufy tauchte den Pinsel in lebhafte Farben, um diesen sonnigen Tag im Süden Frankreichs einzufangen. Die Form des Fensterrahmens deutete er mit dünn aufgetragenen Wasserfarben an und fügte dann Linien hinzu, um ihn konkreter zu gestalten. Vergleiche dieses Bild mit van Goghs Weizenfeld (Seite 14). Welches findest du fröhlicher?

**Fließende
Farben**
Wenn Farben
ineinander-
fließen, ent-
stehen schöne
Farbeffekte.

1 Der Pinsel muß immer gut angefeuchtet und in ausreichend Farbe getaucht sein. Wasche den Pinsel zwischendurch gründlich aus.

2 Du brauchst nicht zu warten, bis eine Farbe ganz getrocknet ist, bevor du die nächste nimmst - du kannst die Farben ineinander verlaufen lassen.

3 Gestalte die Zeichnung locker und ohne viel Details.

Komposition und Blickwinkel

Wenn du entscheidest, wie du die Elemente einer Zeichnung auf dem Zeichenblatt verteilst, komponierst du dein Bild. Eine Komposition kann ausgewogen oder unausgewogen, symmetrisch (gleichmäßig proportioniert) oder asymmetrisch (ungleichmäßig proportioniert) sein, je nachdem, welche Wirkung der Künstler erzielen will. Wenn du dir ein Motiv gesucht hast, ist der Blickwinkel, unter dem du es siehst, sehr wichtig. Er bestimmt, was gezeigt, was ausgelassen wird, welchen Standort die Dinge haben und wie die Elemente des Bildes zusammenhängen, was Größe, Form und Farbe angeht. All dies gibt deiner Zeichnung ihre besondere Eigenart. Ob du nun drinnen oder draußen arbeitest, ein Stilleben, Menschen oder eine weite Landschaft zeichnest, betrachte alles erst einmal aus verschiedenen Blickwinkeln, bevor du beginnst.

Ein Stilleben komponieren

Bevor du beginnst, ein Stilleben zu komponieren, solltest du an zwei Dinge denken. Als erstes müssen die Objekte arrangiert werden. Dann ist zu entscheiden, aus welchem Blickwinkel du zeichnen willst.

Nah und fern
Bewege die Objekte hin und her, um unterschiedliche Figuren und Räume zu schaffen.

Hervortreten

Vergleiche diese beiden Stilleben (oben und unten). Indem du die Objekte auf verschiedene Weise anordnest, kannst du immer wieder andere Objekte und Formen in den Bildmittelpunkt rücken.

GIORGIO MORANDI *Stilleben, 1993*

Der italienische Künstler Giorgio Morandi sammelte Krüge, Flaschen und Schüsseln und ordnete sie für seine Zeichnungen, Drucke und Gemälde unterschiedlich an. In dieser Radierung - einem Verfahren, bei dem der Künstler mit einer Spezialnadel in eine Kupferplatte ritzt - hat Morandi seine Objekte zu einem dunklen Wald aufrecht stehender Formen arrangiert. Sie sind durch feine Schraffuren in unterschiedlich hellen Tönen räumlich voneinander getrennt. Siehst du, wie die weiße Vase in der Mitte der Blickfang ist?

Das Bild beschneiden

Du brauchst nicht alles, was du angeordnet hast, zu zeichnen. Du kannst einen Teil auswählen oder nur einen Ausschnitt des Objekts nehmen und diesen in einen anderen Blickwinkel rücken. Achte auf Formen, die entstehen, wenn Objekte sich überschneiden, und auf Formen zwischen Formen.

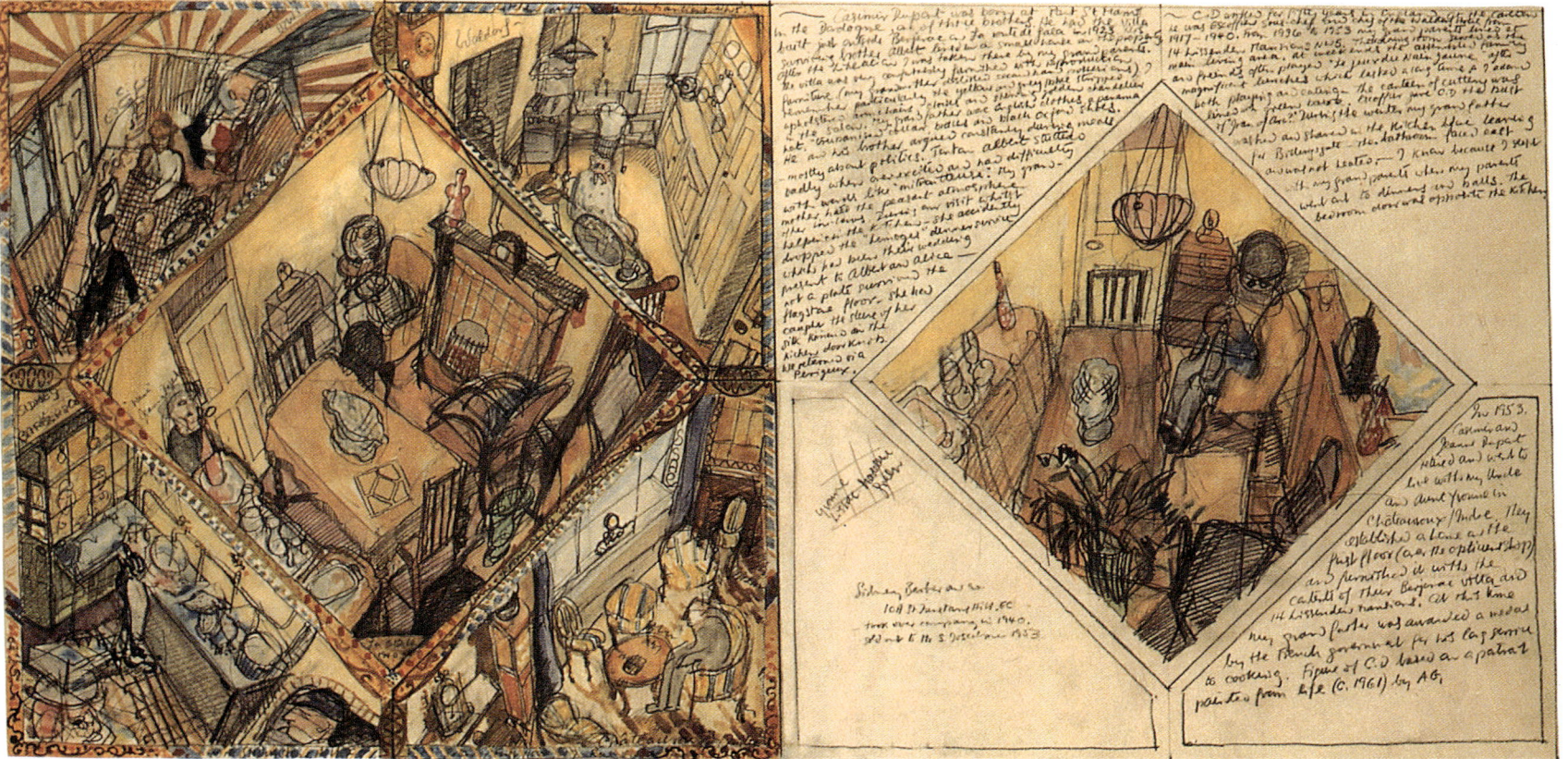

ANTHONY GREEN *Arbeitsskizze für „Casimir Dupont", 1980*

Anthony Green verwendete diese ungewöhnlichen Ansichten, um die Geschichte seines französischen Großvaters zu illustrieren. Um das zentrale Viereck der Zeichnung sind Szenen aus dem Leben Casimir Duponts zu sehen. Es ist nicht leicht, aus einem so hohen Blickwinkel zu zeichnen, aber du könntest dir das vorstellen, wenn du das Dach von einer Puppenstube abnimmst und von oben hineinschaust.

Hoch- oder Querformat?

Mit deinem Sucher kannst du deinem Bild jede gewünschte Form geben. Am häufigsten ist die rechteckige Form. Diese kann aufrecht sein, was man „Hochformat" nennt, oder waagerecht, was man als „Querformat" bezeichnet.

✎ Ein anderes Bild

Du kannst ein Foto oder eine Zeichnung verändern, indem du einen Sucher darauflegst. Was geschieht, wenn du Teile des Bildes, zum Beispiel den Himmel oder ein Stück des Kopfes, abdeckst? Probiere es aus und bastle dir dazu einen Sucher aus zwei L-förmigen Kartonstücken.

Querformat

Mit einem Sucher

Halte die L-förmigen Kartonstücke wie einen Bilderrahmen zusammen und probiere damit aus, welchen Blickwinkel und Ausschnitt du für dein Bild haben willst. Es gibt auch Sucher zu kaufen. Ein Tor oder ein Fenster können dein Bild ebenfalls einrahmen.

L-förmige Kartonstücke

Hochformat

Nah und fern

Obwohl du auf einer flachen Oberfläche zeichnest, sind die Objekte in Wirklichkeit meist nicht flach, und sie sind nicht alle gleich weit von dir entfernt. Menschen und Gegenstände stehen in einem dreidimensionalen Raum, das bedeutet, sie haben Länge, Tiefe und Breite. Manche Künstler benutzen bei ihrer Arbeit ein „Perspektive" genanntes System, um unsere Sehgewohnheiten nachzuahmen und die Dinge näher oder ferner erscheinen zu lassen. Du hast vermutlich schon bemerkt, daß Dinge kleiner und weniger detailliert aussehen, je weiter sie entfernt sind. Mit der Perspektive wird die Illusion von Räumlichkeit in einem an sich flachen Kunstwerk erzeugt.

Fluchtpunkt

Kleiner und näher
Sieh dir an, wie die Gestalten kleiner werden, je weiter entfernt sie sind. Auch die Linien auf dem Boden kommen sich näher, je weiter sie in die Tiefe führen.

Fluchtpunkt

Die geraden Linien in der Zeichnung führen das Auge zu einem in der Ferne liegenden Punkt. Diesen Punkt, in dem die Linien sich treffen, nennt man „Fluchtpunkt". Er liegt auf der Horizontlinie, der Augenhöhe des Künstlers.

Hintergrund
Die Gebäude im Hintergrund sind nicht viel größer als die Stiefel des Mannes im Vordergrund.

Mittelgrund
Die Linie des Ufers, an dem der Mann steht, trennt den Vordergrund vom Mittelgrund. Die Linie der Gebäudedächer führt das Auge in den Hintergrund.

Vordergrund
Sieh dir die vielen Einzelheiten im Gesicht und in der Kleidung des Mannes im Vordergrund an und vergleiche dies mit der Figur im weit entfernten Boot.

✎ Vordergrund und Hintergrund

Wenn du eine Szene betrachtest, ist der dir nächste Bereich der Vordergrund. Der entfernteste Bereich ist der Hintergrund, und der dazwischen liegende Bereich der Mittelgrund. Mache eine Zeichnung, in der Vordergrund, Mittelgrund und Hintergrund deutlich voneinander getrennt sind. Nimm die Zeichnung von Ingres rechts zu Hilfe.

JEAN AUGUSTE DOMINIQUE INGRES *Porträt von Charles François Mallet, 1809*

Während seines Aufenthalts in Rom zeichnete der französische Maler Ingres dieses detailgetreue Porträt des Ingenieurs Mallet am Ufer des Tiber. Eine deutliche Perspektivenlinie führt in den Hintergrund, und die fernen Gebäude sind heller im Farbton als die Figur im Vordergrund, so daß sie weiter entfernt wirken.

L. Biedermann *Die Stadt der Zukunft, 1916*

Diese vor vielen Jahren für eine Science-fiction-Zeitschrift gezeichnete Stadt sieht noch heute futuristisch aus. Das Geheimnis beim Zeichnen imaginärer Orte ist, sie realistisch aussehen zu lassen. Geschickt wendet Biedermann die Perspektive an, damit der Eindruck von Größe und weiten Entfernungen entsteht. Von wo aus betrachten wir die Szene? Sind wir in einem Raumschiff?

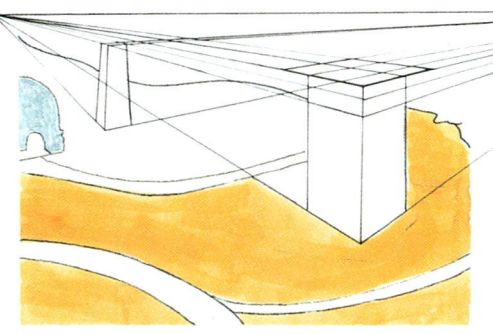

Von oben
Der Künstler hat in der Zeichnung oben eine Zwei-Punkt-Perspektive angewendet. Das heißt, zwei Fluchtpunkte zeigen die Lage und den Blickwinkel der Bauwerke.

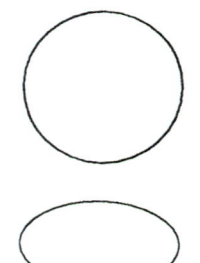

Veränderliche Kreise
Wenn man von oben auf die Stadt hinunterblickt, erscheinen kreisrunde Formen als zusammengedrückte ovale Formen oder „Ellipsen". Kannst du das erkennen, wenn du dir die Straßen und Eisenbahnlinien im Bild anschaust?

Verkürzung

Dieser Junge mißt vier Quadrate, wenn er auf dem Boden liegt. Von der Seite gesehen (unten) sind die Quadrate alle gleich groß. Vom Ende aus gesehen (rechts) scheinen die Quadrate zusammengedrückt oder „verkürzt" zu sein, je weiter sie entfernt sind. Wenn jemand vor dir sitzt oder liegt, sieht der Körperteil, der dir am nächsten ist, wegen der Verkürzung - so nennt man diese Täuschung - größer aus.

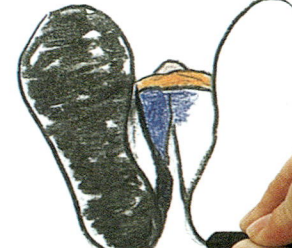

✎ Große Füße
Versuche, eine verkürzte Gestalt zu zeichnen. Bitte jemanden, sich mit den Füßen zu dir so auf einen Tisch zu legen oder zu setzen, daß er für dich in Augenhöhe ist. Du wirst feststellen, daß die Füße deines Modells riesig aussehen, während der Rest des Körpers zusammengedrückt wirkt. Es macht nichts, wenn deine Zeichnung komisch aussieht - verkürzte Menschen sehen eben merkwürdig aus!

Körper und Gesichter

Vielleicht zeichnest du gern Menschen aus
dem Gedächtnis oder nach der Fantasie.
Es bringt aber auch Spaß, mit einem lebenden
Modell zu arbeiten. Zeichne deine Familie und
Freunde, in Gruppen und einzeln - und vergiß
auch Selbstporträts nicht. Wie immer ist es
wichtig, genau hinzusehen. Sieh dir an, wie
Teile des Gesichts und des Körpers in Größe
und Haltung miteinander in Beziehung stehen.
Übe das Zeichnen von Füßen, Händen und
Augen. Zeichne Gesichter und Körper so
lebensecht und genau wie möglich
und versuche auch, ihren Ausdruck und ihre Eigenart wiederzugeben.

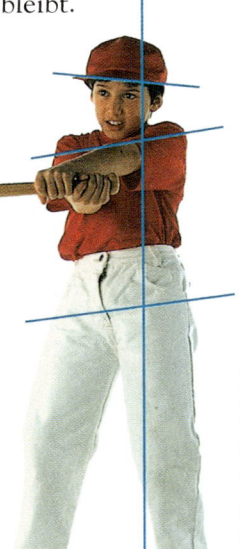

Fertig zum Schlag
Wenn sich der Oberkörper des
Schlagmanns dreht, verschiebt sich
die Höhe seiner Schulter, obwohl
die Haltung von Hüften und Kopf
unverändert bleibt.

Den Ball treffen
Hier hat der Schlag-
mann seine Arme
nach vorn herum-
geschwungen und
seine Schultern
kommen wieder hoch.

Blickwinkel
Zeichne nicht nur die Vorderansicht
einer Figur, sondern beobachte auch, wie
sie aus anderen Blickwinkeln aussieht -
von vorn, hinten, von der Seite, sogar auf
dem Kopf stehend! Versuche Menschen in
verschiedenen Stellungen zu zeichnen,
vielleicht jemanden, der über eine Schulter blickt oder einen Schlagstock schwingt.

Über die Schulter
Sieh dir die Winkel an, die der
Körper des Schlagmanns bildet,
wenn er sich mit dem ganzen
Gewicht auf einen Fuß stützt.

EDGAR DEGAS *Drei Studien einer Tänzerin in der vierten Position, 1879–80*

Der französische Künstler Edgar Degas schuf diese Studien einer 14jährigen
Tänzerin für eine Skulptur. Du kannst dir sicherlich vorstellen, wie der Maler um
die junge Ballerina herumgegangen ist, um sie aus den drei Hauptblickwinkeln zu
zeichnen. Fällt dir auf, daß ihm die Beinstellung in der rechten Studie mißlang
und er die Zeichnung während der Arbeit korrigierte?

HONORÉ DAUMIER *Familienszene, um 1865*

In dieser Zeichnung ist es Daumier gelungen, den Stolz und die Zärtlichkeit zu
zeigen, die die Eltern für ihr kleines Kind empfinden. Die krakeligen Linien mit
Feder und Tusche passen sehr gut zur bewegten Stimmung der Familie.
Der Künstler hat jede Figur aus einem anderen Blickwinkel gemalt und jeder
ihren besonderen Ausdruck verliehen.

Gesichter zeichnen

Das proportionsgerechte Zeichnen lernt man erst allmählich, indem man genau hinsieht. Kleine Kinder malen Menschen meist mit großem Kopf und winzigen Beinen - was dazwischen ist, interessiert sie nicht! Wenn wir größer werden, lernen wir das Verhältnis zwischen den verschiedenen Körperteilen und den Gesichtszügen besser einzuschätzen und malen nun Menschen, die wirklichkeitsgetreuer aussehen.

ARABELLA (4 Jahre alt)
Selbstporträt, 1994

SARAH CAWKWELL *Flicken, 1993*

Sarah Cawkwell verwendet Zeitlupenfotos, die sie bei ihren täglichen Arbeiten zeigen, und fertigt nach diesen Vorlagen große Kohlezeichnungen an. Das Arbeiten nach Fotos kann dir beim Zeichnen schwieriger Motive wie dem verkürzten Kopf auf diesem Bild eine Hilfe sein.

Nimm Maß

Versuche, ein Bild nach einem Foto zu zeichnen. Miß die Lage von Mund, Nase, Augen und Ohren und achte darauf, daß ihre Proportionen in deiner Zeichnung stimmen.

Karikatur

Groteske Figuren oder Karikaturen haben eine lange Geschichte und kommen schon an den Rändern mittelalterlicher Handschriften vor. John Tenniel, der *Alice im Wunderland* illustrierte, war ein großer Karikaturist. Ein Karikaturist verzerrt oder übertreibt die Züge eines Menschen, um bestimmte Charaktereigenschaften hervorzuheben. Sieh dir Karikaturen von bekannten Personen in Zeitungen und Zeitschriften an. Ist die Zeichnung gelungen, muß die Person, die karikiert wird, immer noch zu erkennen sein.

Zeichnung im Stil von **JOHN TENNIEL**
Mister Punch als Künstler

Bewegung

Manchmal hast du nur einen Moment, um die dynamische Energie einer sich bewegenden oder verändernden Szene festzuhalten. Dafür brauchst du schnelle, fließende Striche, mit denen du Grundformen, Richtungen und Haltungen zeigst. Laß den Stift rasch und leicht über das Papier gleiten, dadurch kann Schnelligkeit und Energie in die Zeichnung kommen. Beobachte scharf und zeichne genau, denn du hast keine Zeit für Korrekturen.

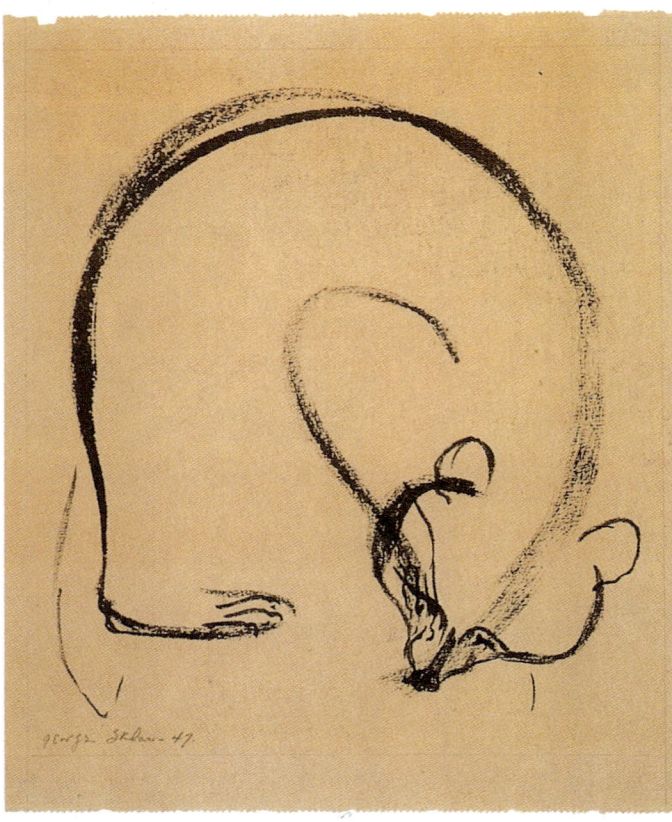

GEORGE SKLAR *Waschbär, 1947*

Mit einem großen schwungvollen Bogen für den Rücken und ein paar Strichen für Kopf und Füße hat der Künstler rasch die wesentlichen Merkmale des Waschbärs eingefangen.

Schnell zeichnen

Mach ein paar schnelle Skizzen von Menschen im Park, auf dem Fußballplatz, am Strand oder auf dem Kinderspielplatz. Versuche, mit raschen Strichen Bewegungen festzuhalten, und kümmere dich nicht um Einzelheiten wie Gesichter oder Kleidung.

Mehr Spannung

Später kannst du deiner Rohskizze mit ein paar stärkeren Linien und wenigen Einzelheiten mehr Spannung verleihen.

Material für schnelles Zeichnen

Graphitstift

Weicher Bleistift

Feiner Faserstift

Holzkohle

Pastellkreide

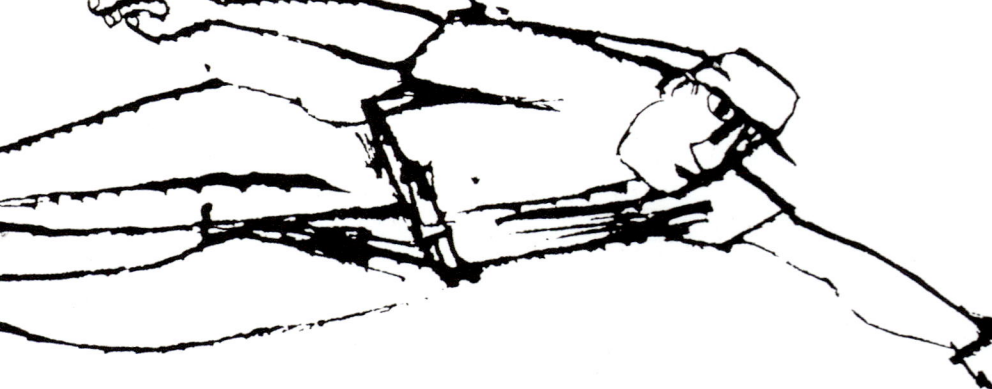

BEN SHAHN *Aus, 1956*

Ben Shahns einfache Zeichnungen konzentrieren sich auf dramatische Momente im Leben gewöhnlicher Menschen. Seine Striche sind kräftig und energisch wie die eines Comic-Zeichners. Seine Bilder haben die gleiche Ausdruckskraft und den gleichen Humor wie Cartoons.

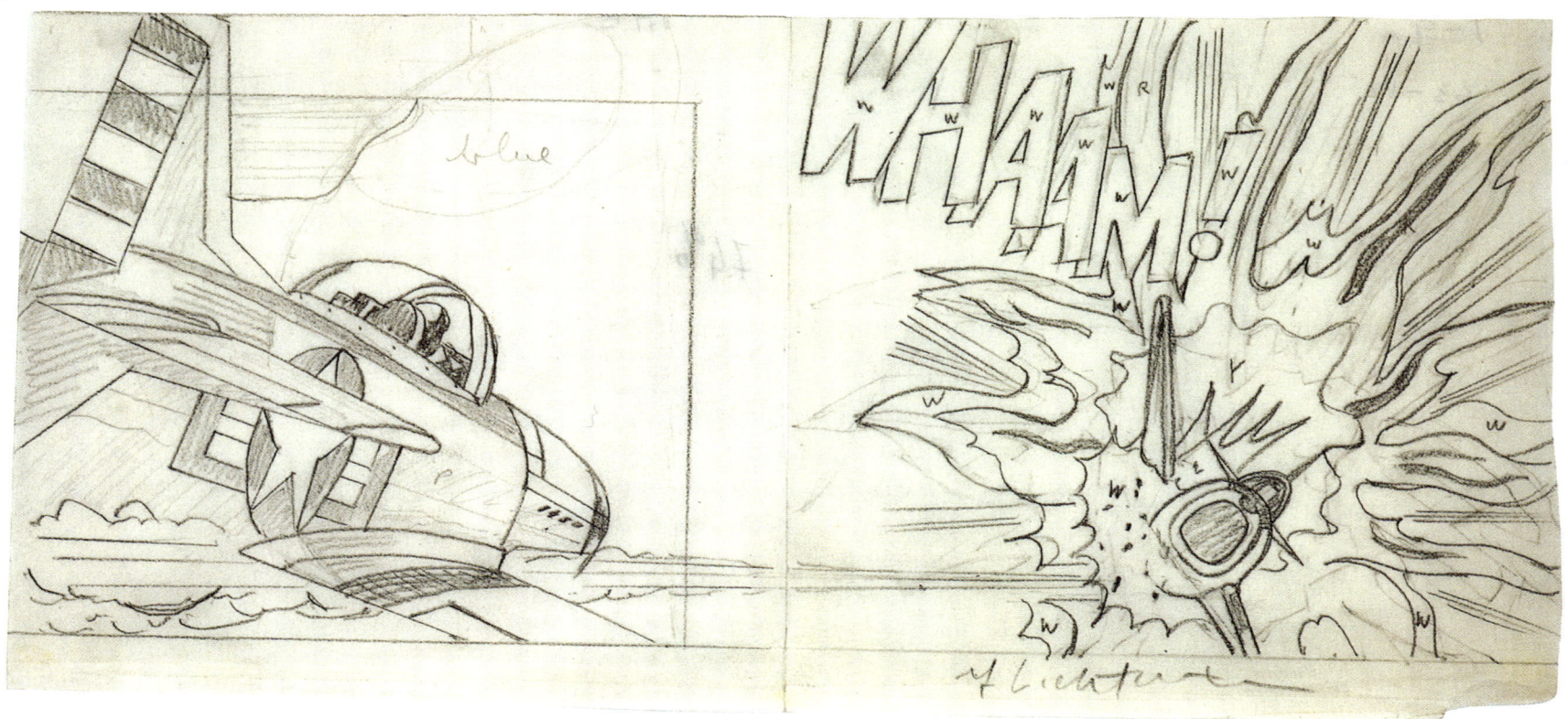

ROY LICHTENSTEIN *Zeichnung für Whaam! 1993*

Viele von Roy Lichtensteins großformatigen Bildern basieren auf Comicbildern. In dieser frühen Zeichnung für das Bild WHAAM! schuf Lichtenstein einen kühnen Entwurf mit kräftigen, schwarzen Umrissen. Er wollte ein dramatisches Thema in einem nichtemotionalen und objektiven Stil zeigen, vergleichbar mit der Art, wie darüber in der Presse berichtet worden wäre.

Gezeichnete Energie

Antoine Gros war ein Künstler des 19. Jahrhunderts, der mit Vorliebe dramatische Szenen malte. Die Schnelligkeit und Unmittelbarkeit dieser Pinselzeichnung gibt die kraftvolle Energie des sich aufbäumenden Hengstes und des Reiters wieder.

Schwungvolle Linie

In der Lichtenstein-Zeichnung oben zeigen die Linien Bewegung in zwei Richtungen und deuten damit die tödliche, mechanische Aktion des Kampfflugzeugs an. Vergleiche dies mit den wirbelnden Pinselstrichen der Pferdemähne in der Zeichnung von Reiter und Pferd, die etwas von der Wildheit des Pferdes einfangen. Jeder Stil entspricht genau dem, was der Künstler in seinem Bild ausdrücken wollte. Würdest du den Stil austauschen, würde sich auch die Bedeutung der Bilder verändern.

Mechanische Bewegung
Beachte die scharfen Linien, die den Weg der Rakete zeigen, und das sternförmige Muster der Explosion.

Natürliche Bewegung
Die Linie rechts von der Mähne betont die starke Drehung der Halsmuskulatur des Pferdes.

Zeichnung im Stil von
ANTOINE GROS

BEN SHAHN *Nationales Freizeitvergnügen, 1956*

Sieh dir an, wie der Künstler die Hintermänner zusammenrückt und die Gliedmaßen des Schlagmannes extrem lang darstellt. Die Bewegung des Schlagstocks stellt er mit einer von dick nach dünn verlaufenden Linie dar.

Tiere zeichnen

Die allerersten Künstler waren Urmenschen, die Tiere auf Felswände zeichneten, vielleicht als eine Art Jagdzauber. Noch heute lassen sich Künstler von Form und Gestalt der Tiere inspirieren. Wenn du ein Tier, ob in Haus und Hof oder in der freien Natur, zeichnen willst, brauchst du deine ganze Beobachtungsgabe und all dein technisches Können, um die Anatomie, Oberflächenbeschaffenheit, Eigenart und Bewegung festzuhalten. Du solltest mit einem schlafenden Tier beginnen, denn Tiere haben nun einmal die Angewohnheit, sich gerade dann zu bewegen, wenn du es nicht willst!

HENRI GAUDIER-BRZESKA *Elenantilope, 1912*

Der junge französische Bildhauer Gaudier-Brzeska malte gern Tiere und Vögel in der Natur. Mit nur wenigen Linien stellte er die knochige Gestalt und die Eleganz der Antilope dar.

Tierformen

Bei Tierzeichnungen kann es eine Hilfe sein, wenn du dir Grundformen ausdenkst, die in das Tier passen oder aus denen es sich zusammensetzt.

Ein massiver Körper
Suche nach Grundformen in diesem großen Tierkörper.

Auf dieses Foto eines Elefanten sind Grundformen gelegt worden. Erkennst du, daß die Gestalt des Elefanten aus Vierecken und einem Dreieck besteht? Fertige nun selbst eine einfache Zeichnung von einem Tier mit Hilfe von Grundformen an.

REMBRANDT VAN RIJN *Elefant, 1637*

Der große niederländische Künstler Rembrandt fertigte viele Zeichnungen von Tieren, darunter diesen Elefanten, den er in einem Zirkus sah. Die mit schwarzer Kreide gezeichnete Skizze betont die wuchtige Rundlichkeit des Elefanten und die faltige Beschaffenheit seiner Haut. Die Menschen neben dem Kopf des Tieres geben uns eine Vorstellung von seiner gewaltigen Größe. Findest du, daß der Elefant freundlich aussieht?

Tiere in Bewegung

Tiere sind fast immer in Bewegung, und es ist nicht einfach, sie zu zeichnen. Aber es ist einen Versuch wert! Sieh dir das Foto (rechts) mit den galoppierenden Pferden an und vor allem, was mit ihren Beinen geschieht. Wenn du ein rennendes Pferd beobachtest, geht alles so schnell, daß du nicht genau erkennen kannst, wie sich die Stellung der Beine verändert. Bevor du laufende Tiere aus dem Gedächtnis zeichnest, solltest du dir Fotos in Büchern oder Zeitschriften suchen, die du als Vorlage nehmen kannst.

Nimm ein deutliches Foto wie das hier gezeigte, damit du gut danach arbeiten kannst.

Sieh dir alle Formen und Schatten genau an.

ALBRECHT DÜRER *Hase, 1502*

Der große Nürnberger Maler und Zeichner Albrecht Dürer zeichnete seinen berühmten Hasen vor mehr als 400 Jahren. Er sah sich die Form von Kopf, Ohren, Körper und Pfoten sowie ihr Größenverhältnis genau an. Mit verschiedenen Stricharten stellte er die Texturen und den Lichteinfall auf dem welligen Fell und den samtigen, aufgerichteten Ohren dar.

Federn, Haut und Fell

Sieh dir nicht nur die Gestalt des Tieres, sondern auch das Muster und die Textur von Federn, Fell oder Haut an. Überlege dir, welche Zeichenmittel und welche Stricharten für die verschiedenen Flächen am besten geeignet sind.

Vögel zeichnen

Nicht alle Federn sind gleich. Sieh dir die unterschiedlichen Texturen und Farben im Gefieder dieses Mandarin-enterichs gut an. Vögel kannst du mit den verschiedensten Materialien zeichnen.

Pinsellinien zeigen den Umriß einer Feder.

Kohle kann ein wenig verwischt werden, um Federn zu formen.

Bleistiftlinien halten Einzelheiten und Textur einer Feder fest.

Zeichne euer Haustier

Einer der Gründe dafür, daß Tiere ein so beliebtes Thema beim Zeichnen sind, ist der, daß die Menschen ihre Haustiere mögen und eine Erinnerung an sie haben möchten. Zeichne euer Haustier, vielleicht an seinem Lieblings-platz. Laß dir Zeit, bevor du beginnst. Beobachte die Form von Kopf und Körper des Tieres und die Textur seines Fells. Ist es weich oder struppig? Welchen Gesichtsausdruck hat es?

ALICE (9 Jahre alt) *Meine Katze, 1994*

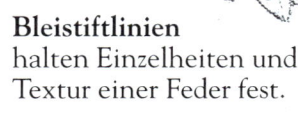

Schlangenhaut kann mit einem dünnen Farb-auftrag über mit Bleistift gezeich-nete Schuppen dargestellt werden.

Hundefell kann man mit dichten, welligen Federstrichen zeichnen.

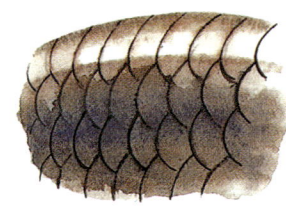

Wolle zeichnet man mit einem weichen Blei-stift und klei-nen kreisenden Bewegungen.

Ideen für Skizzen

Die Skizzenbücher von Künstlern sind Schatztruhen voller Ideen. In ihnen finden wir erste Gedanken, Eindrücke, Beobachtungen, Erinnerungen und Versuche, die später vielleicht zu vollendeten Werken führen. Es ist immer gut, ein kleines Skizzenbuch dabei zu haben, um etwas Gesehenes zu skizzieren, eine Stimmung einzufangen oder einen Gedanken festzuhalten. Bei anderen Gelegenheiten brauchst du vielleicht einen größeren Skizzenblock für detailgenaue Studien in der Natur.

Dünne Kohle

Dicke Kohle

Weicher Bleistift

Feiner Faserstift

Skizziermaterial
Wenn du eine Weile skizzieren willst, nimmst du am besten mehrere Zeichenmaterialien mit.

Pastellkreide

Radiergummi

Bleistiftanspitzer

Was wird gebraucht?
Für „Nahaufnahmen" nimm einen angespitzten Bleistift. Für Gebäude brauchst du vielleicht ein Lineal. Für Landschaften solltest du einen lockeren Strich mit Kohle oder Pastellfarbe ausprobieren.

OSKAR KOKOSCHKA *Londoner Ansichten: Tower Bridge 2, 1967*

Der österreichische Expressionist Kokoschka machte London zu seiner zweiten Heimat. Während seiner langen Lebenszeit fertigte er Tausende von Skizzen. Er war schon über 80 Jahre alt, als er sein Skizzenbuch mit Ansichten der Themse füllte. Auf dieser Zeichnung siehst du, wie er mit wenigen hastig gezogenen Linien die Struktur der Brücke festgehalten und mit ein paar Kohleschnörkeln das tiefe Wasser unter einem kleinen Schlepper angedeutet hat.

Notizen zu Skizzen
Wenn du Menschen und Orte skizzierst, siehst du genauer hin. Mach dir Notizen, damit du dich an Farben, Lichtquellen, Wetter und andere Einzelheiten erinnerst.

Malfläche
Nimm einen Skizzenblock mit einer harten Rückseite, damit du ihn auch einmal auf die Knie legen kannst.

Ein Platz zum Sitzen
Suche dir beim Skizzieren im Freien einen Platz, von dem aus du einen ungehinderten Blick auf dein Motiv hast. Sitzt du zu hoch, hast du einen von der Augenhöhe abweichenden Blickwinkel. Suche dir einen geschützten Platz, wo du niemandem im Wege bist.

Krimskrams

Bewahre alles Mögliche auf, damit du Ideen für Muster und Formen in späteren Zeichnungen hast. Ordne deine Sammlungsstücke auf einer Seite an und klebe sie einzeln fest. Größere Dinge stellst du auf ein Bord oder legst sie in einen Kasten.

Skizzenbuchsammlung

Du kannst dein Skizzenbuch auch für andere Dinge als zum Zeichnen verwenden. Sammle Erinnerungsstücke von Ferien und Ausflügen und schreibe dir kurze Kommentare auf. Es gibt Vieles, das sich zum Sammeln eignet, von Bus- und Eintrittskarten bis zu Banknoten und Schokoladenpapier. Bewahre Dinge auf, deren Design oder Farbe du magst, oder weil sie etwas zeigen, an das du dich erinnern möchtest. Vielleicht findest du in deiner Sammlung einmal Anregungen für völlig neue Zeichnungen.

Rohskizze

Auf der oberen Seite hat der Künstler sehr grob ein Haus mit einem Baum davor skizziert.

Farbnotizen

In dieser besser ausgearbeiteten Skizze hat der Künstler Anmerkungen über Farben und andere Einzelheiten niedergeschrieben, die er später in seiner Zeichnung oder seinem Bild berücksichtigen will.

Cafészene

Diese Skizze von Menschen im Café wurde rasch mit dem Bleistift gezeichnet.

Menschen und Orte

Am besten beherrscht man mehrere Skizzierstilarten, wie zum Beispiel auf diesen beiden Skizzenblöcken. Der Stil einer Skizze richtet sich nach dem Motiv - eine sich schnell verändernde Szene, ein Bauwerk oder eine Landschaft.

Griechische Kirche

Diese mit Pastellkreiden gefertigte Skizze geht mehr ins Detail, zeigt Farben und die Wirkung des Lichtes. Sie könnte später zu einem Gemälde ausgearbeitet werden.

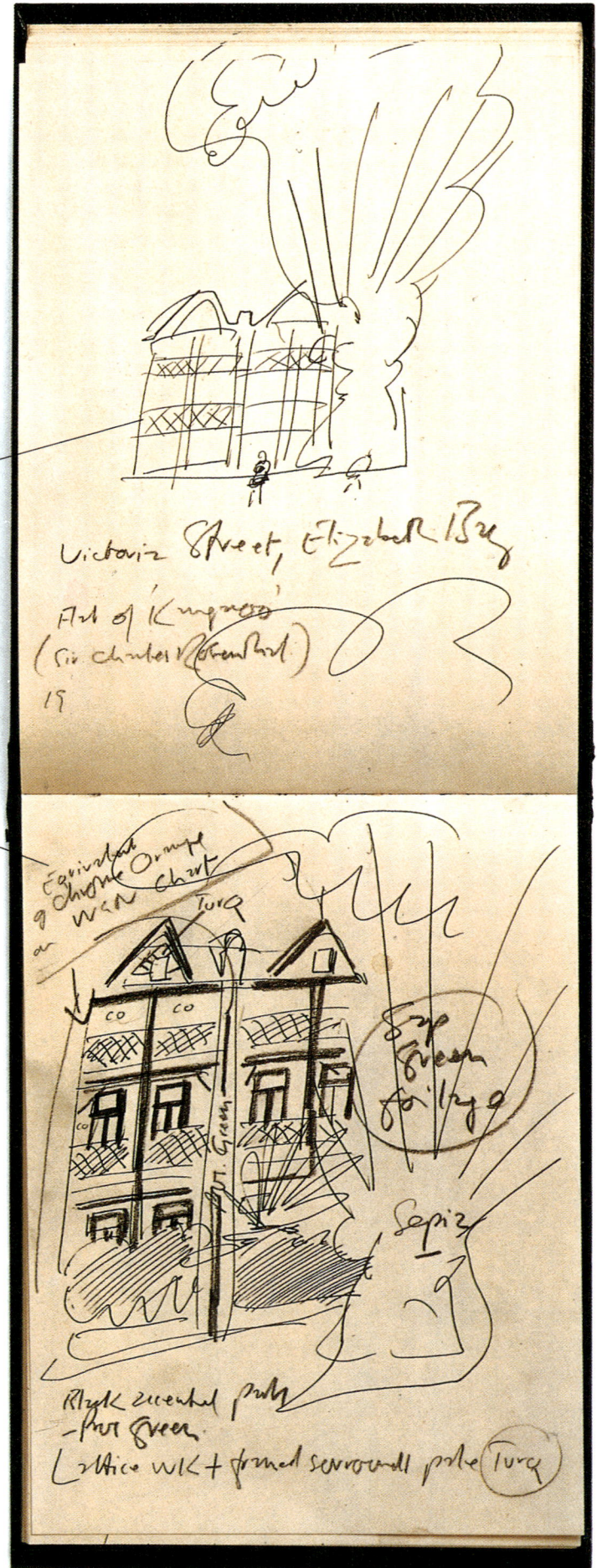

PAUL HOGARTH *Skizzen von Sydney, Australien, 1991*

Diese Zeichnungen stammen aus Paul Hogarths Reiseskizzenbuch. Die Skizzen sind schnell und grob gemacht, enthalten aber Informationen, die der Künstler für die Bilder braucht, die er später schaffen will. Kannst du in der oberen Zeichnung lesen, wo er war?

Fantasie und Erzählen

Bisher haben wir uns vorwiegend damit beschäftigt, das zu zeichnen, was man sieht. Es ist aber ebenso wichtig, auch die Fantasie in deinen Zeichnungen zu nutzen. Du kannst dir Szenen zusammenstellen, Figuren ausdenken, Bildergeschichten erzählen oder Comics zeichnen, Gedichte oder Musikstücke illustrieren - laß deiner Fantasie freien Lauf! Experimentiere munter drauf los - du wirst staunen, wie ausgefallen deine Werke werden.

Nach Anregungen suchen

Oft stammen die Ideen für diese fantasievollen Zeichnungen von etwas, was du siehst oder hörst. Wenn du Kunstwerke betrachtest, Bücher und Comics liest oder Geschichten und Musik hörst, kann all dies dich zum Zeichnen anregen.

Zeichnen im Stil von
JOAN MIRÓ

VICTOR HUGO *Der Tintenfisch, 1864–65*

Dies war eine der Zeichnungen, die Hugo anfertigte, als er seinen berühmten Roman *Das Teufelsschiff* schrieb. Er experimentierte gern mit Tintenflecken, die er häufig zur Illustration seiner Geschichten nutzte. Hier hat er einen Fleck auf der Rückseite eines Papierbogens als Hintergrund für den Tintenfisch genommen.

Atmosphäre zeichnen

Wasserlösliche Stifte können wie gewöhnliche Stifte benutzt oder mit Wasser verwischt werden. In einer nach der Fantasie entstandenen Zeichnung lassen sich damit geheimnisvolle Effekte erzielen, wie zum Beispiel unheimliche Nebelwolken.

Die Welle
Mach aus einem Tintenfleck ein Schiff, das in den Wellen schaukelt.

Tierform
Verwandle mit ein paar Umrißlinien einen Tintenfleck in ein Nilpferd oder irgendein anderes Tier.

Männchen malen

Kritzeleien, Flecken und Kleckse führen oft zu brauchbaren Ergebnissen, die gar nicht geplant waren. Wie wär's mit einem einfachen Spiel zu zweit? Einer kritzelt oder kleckst schnell etwas hin, der andere fügt ein paar Einzelheiten hinzu und macht daraus ein Bild. Erkennst du hier zwei Gesichter?

1 Trage mit dem Pinsel irgendeine abstrakte Form in Wasserfarbe oder Tinte auf ein Blatt Papier.

2 Male mit einem Kohlestift in diese Farbfläche ein Tier, das dir dazu einfällt.

Storyboard

Eine Folge von Einzelbildern, die die wichtigsten Momente in einer Geschichte, aus der ein Film gemacht wird, darstellen, nennt man Storyboard. Sie erläutern dem Regisseur, dem Kameramann und dem Beleuchter, wie eine Szene im Film aussehen soll. Jedes Bild zeigt den Blickwinkel, die Beleuchtung und die Stellung der Schauspieler.

TOM MORAHAN *Storyboard zum Film „So böse meine Liebe", 1948*

Das mit der Tuschfeder auf angefeuchtetes Papier gezeichnete Storyboard zeigt dramatische Blickwinkel und Schatten, die nach unten auf die Straße und hinauf zu den Menschen in der Kuppel führen. Achte auf die Wirkung von Licht und Schatten. Was meinst du, um welche Art von Film handelt es sich?

Geschichten illustrieren

In Kinderbüchern sind Zeichnungen, die die Personen und ihre Abenteuer zeigen, sehr wichtig. Der Illustrator muß eng mit dem Autor zusammenarbeiten, um die Stimmung der Geschichte einfangen und die Personen und Szenen richtig darstellen zu können.

Vom Storyboard zum Film

Dieses Standfoto aus dem Film „*So böse meine Liebe*" zeigt eine der Szenen, die Tom Morahan in seinem Storyboard (oben) dargestellt hat. Die Einstellung und der Platz der Schauspieler auf dem Foto sind fast genau so, wie er sie im Storyboard zeichnete.

EDWARD ARDIZZONE *Der kleine Buchladen, 1955*

Edward Ardizzones lebendige Tuschezeichnungen bebildern über 200 Bücher. Er zeichnete kleine Vignetten, deren Atmosphäre er mit übereinander schraffierten Linien schuf.

Comic-Strip

Zeichne selbst eine Geschichte, entweder in Episoden oder in einem einzigen Bild. Verändere die Form und Größe der Einzelbilder und zeichne auch mal über den Rand hinaus.

Zeichnungen verarbeiten

Eine Zeichnung kann aus der Freude am Zeichnen entstanden sein und für sich bestehen, sie kann aber auch eine Stufe sein, die zu einem fertigen Werk führt. Viele Künstler fertigen Zeichnungen an, um Ideen auszuarbeiten oder ihre Kompositionen zu ordnen, bevor sie sie als Gemälde, Collagen, Modelle, Wandbilder oder Skulpturen ausführen. Hier ein paar Vorschläge, wie du deine Bilder weiterentwickeln könntest.

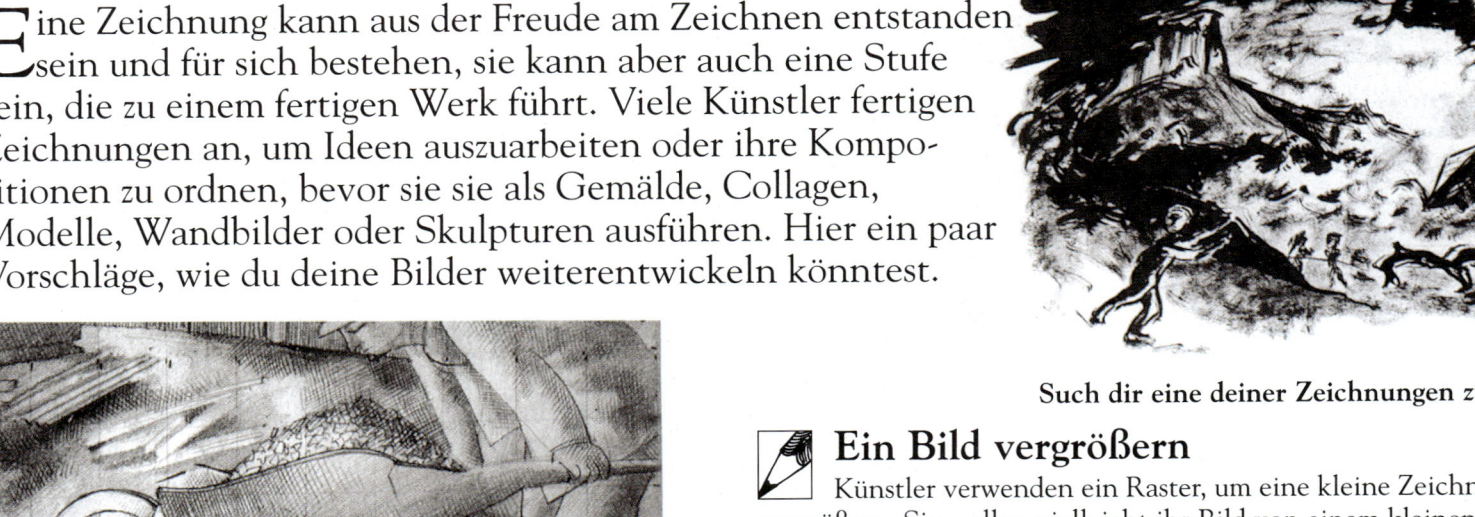

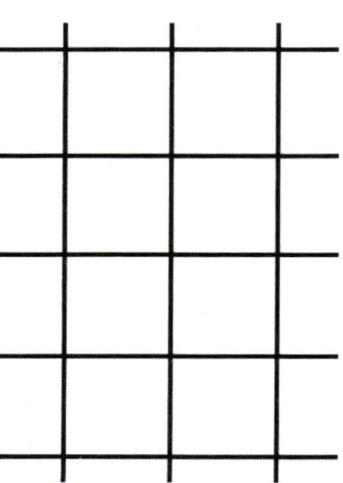

STANLEY SPENCER *Schiffbau am Clyde, 1940*

Für den Auftrag, ein Wandgemälde über den Schiffbau in Glasgow im zweiten Weltkrieg zu malen, fertigte der englische Künstler Stanley Spencer zunächst viele detailgenaue Zeichnungen. Erkennst du, wie er seine Zeichnung in Quadrate aufgeteilt hat, damit er sie vergrößern kann?

Größeres Raster

Such dir eine deiner Zeichnungen zum

Ein Bild vergrößern

Künstler verwenden ein Raster, um eine kleine Zeichnung zu vergrößern. Sie wollen vielleicht ihr Bild von einem kleinen Blatt Papier auf eine große Leinwand oder Mauer übertragen. Bei dieser „Rastermethode" zeichnet man ein Gitter kleiner Quadrate über die Originalzeichnung und überträgt sie dann Quadrat für Quadrat auf den neuen Untergrund. Probiere diese Technik selbst aus und vergrößere eines deiner Bilder.

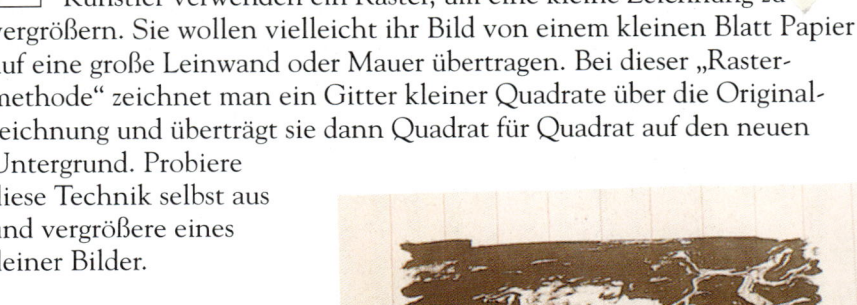

1 Zeichne mit Lineal und Bleistift ein Raster auf deine Zeichnung. Zeichne vergrößerte Quadrate auf ein leeres Blatt Papier.

2 Übertrage die Linien deiner ersten Zeichnung Quadrat für Quadrat, bis das vergrößerte Bild fertig ist. Mit dieser Methode kannst du dein Bild so groß machen, wie du willst.

Ausschnitt aus einem fertigen Wandbild
Spencer benutzte seine Zeichnungen als Vorlage für dieses 1946 fertiggestellte, große Wandbild.

74

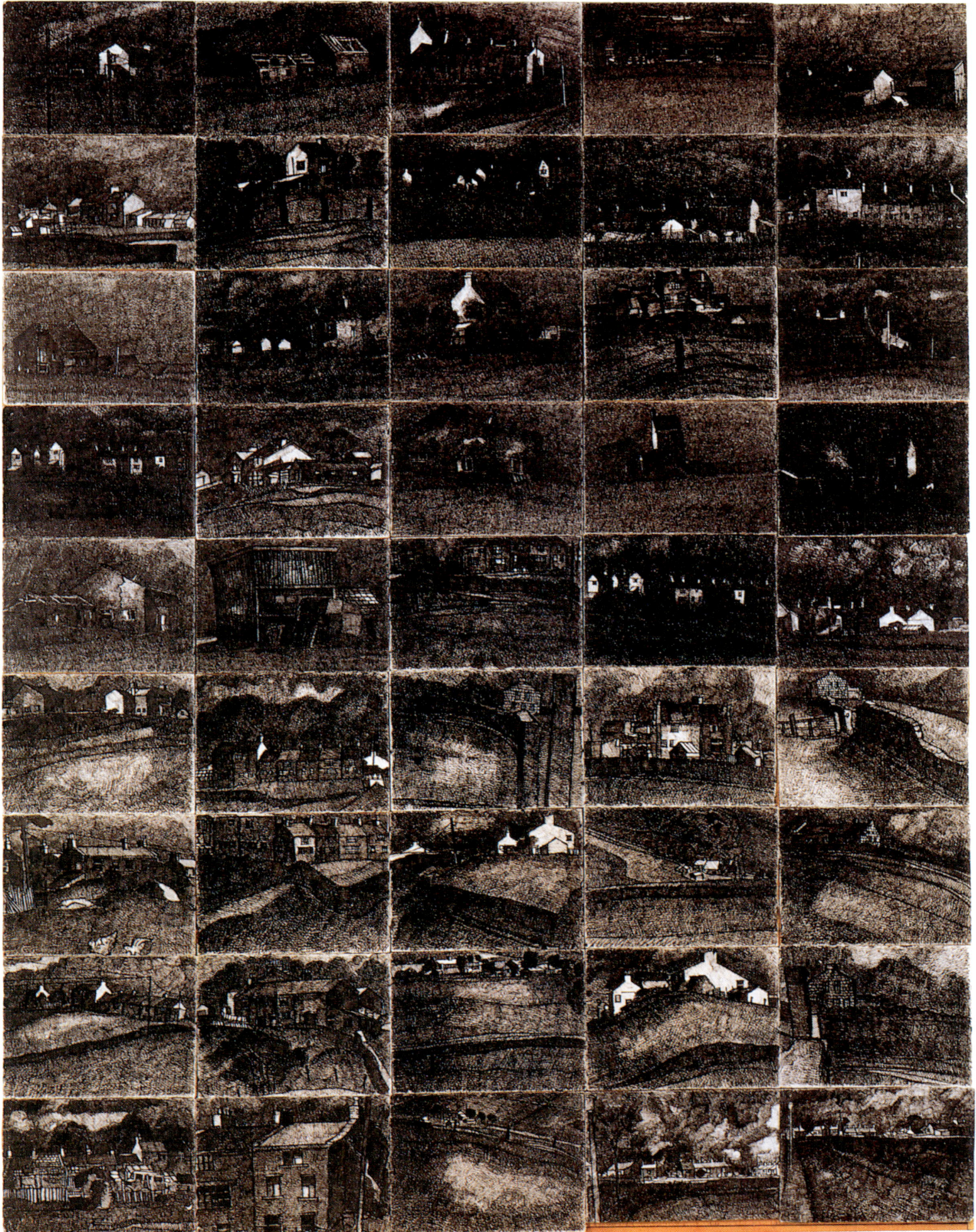

JOHN VIRTUE *Landschaft Nr. 6, 1978–81*

John Virtue zeichnet kleine, sehr dunkle Bilder, oft nur in Postkartengröße, von dem Dorf im Westen Englands, in dem er lebt. Über mehrere Tage oder Wochen baut er verschiedene Ansichten der gleichen Gegend auf und ordnet sie dann zu einer großen Patchwork-Arbeit schwarzweißer Bilder an.

Zeichencollage
Zeichne viele Bilder, alle in der gleichen Größe, und stelle sie dann zu einem größeren Bild zusammen.

Über die Künstler, Band Malen

Frank Auerbach
(geb. 1931, Brite) ist in Deutschland geboren, lebt aber seit seinem siebten Lebensjahr in England. Seine Lieblingsmotive sind der Stadtpark und seine Freunde. Er arbeitet meist mit dicker Farbe, die er mit Pinsel, Messer oder den Fingern aufträgt.

Gillian Ayres (geb. 1930, Britin) malt abstrakte Bilder in leuchtenden Farben. Sie trägt die Farbe dick, mit kräftigen Pinselstrichen und mit den Fingern auf. Dabei überlagern sich die Farbschichten und ergeben spannende Strukturen.

Elizabeth Blackadder (geb. 1931, Britin) malt vorwiegend Motive aus ihrer nächsten Umgebung, wie ihre Sammlung exotischer Spielzeuge und Gegenstände, Blumen und ihre Katzen. Sie legt großen Wert auf das Arrangement der Objekte auf ihren Bildern.

Rosa Bonheur (1822-1899, Französin) war eine der bekanntesten Künstlerinnen ihrer Zeit. In ihrem Atelier in einem Wald bei Paris schuf sie großformatige Gemälde von Tieren, vor allem von Löwen, Tigern, Wölfen und Pferden.

Pierre Bonnard (1867-1947, Franzose) malte vorwiegend alltägliche Dinge, Gärten, Familien- und Straßenszenen. Er liebte ausdrucksstarke Farben und Formen, und die zarte Pinselführung gab seinen Gemälden eine stimmungsvolle Leichtigkeit.

Leonora Carrington (geb. 1917, Britin) lebt in Chicago und Mexico City. Sie zählt zu den Surrealisten, in deren Bildern seltsame Objekte und Figuren eine „andere" als die uns bekannte Realität darstellen. „Surreal" bedeutet soviel wie traumhaft, unwirklich.

Mary Cassatt (1845-1926, Amerikanerin) arbeitete hauptsächlich in Paris. Sie gehörte zu den Impressionisten. Wie bei vielen dieser Künstler, zeigen ihre Bilder deutlich, daß sie von japanischen Holzschnitten und Mustern beeinflußt war.

Paul Cézanne (1839-1906, Franzose) wurde zunächst zu den Impressionisten gerechnet. Er arbeitete meist in seinem Haus in Südfrankreich, wo er durch genaue Naturbeobachtung einen neue, ungewöhnliche Art der räumlichen Darstellung entdeckte.

Manohar Das (geb. ca. 1560, Inder) war einer der großartigsten Hofmaler der Mughal Dynastie in Nordindien. Er illustrierte Handschriften mit Miniaturporträts und farbenprächtige Darstellungen des höfischen Lebens.

André Derain (1880-1954, Franzose) war einer der Hauptvertreter der Fauvisten („wilde Tiere"). Seine leuchtendbunten Landschaftsbilder und Seestücke malte er stets im Freien, in der Umgebung von Paris und in Südfrankreich.

George Grosz (1893-1959, Deutscher) begann seine Karriere als Karikaturist. Bis nach dem Ersten Weltkrieg lebte er in Berlin, dann zog er nach New York. In seinen Bildern kritisierte er vor allem die Habgier der Menschen.

Kawai Gyokudo (1873-1957, Japaner) malte poetische Ansichten der Landschaft um Tokio auf große Wandschirme. Er hielt auch Menschen in Alltagssituationen und die Natur im Wechsel der Jahreszeiten im Bild fest.

Flavia Irwin (geb. 1916, Britin) lebt auf dem Lande und malt zarte, abstrakte Bilder, wobei sie sich von englischen und französischen Landschaften inspirieren läßt. Sie arbeitet nach Skizzen und hebt in der Natur vorhandene Strukturen hervor.

Edward Lear (1812-1888, Brite) war ein bekannter Kinderbuchautor und Illustrator, der Limericks und Nonsense-Gedichte schrieb. Er bereiste Italien, Griechenland und Indien und fertigte überall Skizzen von Landschaften, Menschen und Tieren an.

Leonardo da Vinci (1452-1519, Italiener) war ein Genie der Renaissance. Er war ein großartiger Maler und zugleich Bildhauer, Ingenieur, Musiker und Naturwissenschaftler. Ein Blick in seine faszinierenden Skizzenbücher offenbart seine Neugier, seinen Erfindungsreichtum und seine kreative Arbeitsweise.

Fra Filippo Lippi (ca. 1406-1469, Italiener) war ein Renaissance-Maler aus Florenz und ein Anhänger Masaccios. Sie arbeiteten auch gemeinsam an dem Wandgemälde von Seite 35. Später entwickelte Lippi seinen eigenen, fein strukturierten Malstil.

Tommaso Masaccio (1401-1428, Italiener) lebte zur Zeit der Renaissance bei Florenz. Obwohl er bereits im Alter von 27 Jahren starb, hatten seine wenigen Gemälde einen beträchtlichen Einfluß auf spätere Künstler, wie zum Beispiel Piero della Francesca.

Claude Monet (1840-1926, Franzose) war Impressionist. Er versuchte auf der Leinwand festzuhalten, wie unterschiedlich Licht- und Wetterverhältnisse die Natur erscheinen lassen. Er malte viele farbenfreudige Bilder von seinem Garten in Giverny.

Mutipuy (gest. in den 70er Jahren, Australier) lebte in West Anhemland im Norden Australiens. Wie auch andere Ureinwohner malte er nach traditioneller Art auf Baumrinde. Er benutzte Erdfarben und stellte vor allem Tiere und Menschen, häufig in Röntgenansicht, dar. Die Ursprünge dieser Kunst gehen über 30 000 Jahre zurück.

Sidney Nolan (1917-1993, Australier) malte viele phantasievolle und manchmal lustige Bilder mit Motiven aus der australischen Geschichte. Er stellte häufig legendäre Figuren, wie Forscher oder entsprungene Sträflinge, im Busch oder in den australischen Wüsten dar.

Emil Nolde (1867-1956, Deutscher) war Expressionist. Er setzte Farben und Verzerrungen als kreative Elemente ein, um die Ausdruckskraft seiner Landschafts- und Sakralbilder zu verstärken.

Jacqueline Percy (geb. 1943, Britin) lebt und arbeitet in London und am Meer. Sie gestaltet Kollagen aus gefundenen Objekten.

Pablo Picasso (1881-1973, Spanier) lebte und arbeitete in Frankreich, wo er zum berühmtesten Künstler des 20. Jahrhunderts wurde. Er beschritt völlig neue Wege, um die Welt in zahlreichen Gemälden, Skulpturen, Zeichnungen und Keramiken abzubilden.

Piero della Francesca (ca. 1410-1492, Italiener) schuf viele Wand- und Deckengemälde in florentinischen Kirchen. Ihn faszinierte die Komposition, und er setzte bei der Gestaltung seiner Werke geometrische Berechnungen ein.

Renaissance-Künstler waren Maler und Bildhauer, die etwa zwischen 1450 und 1650 in Europa lebten. Sie interessierten sich sehr für die Kunst der alten Griechen und Römer. Renaissance bedeutet „Wiedergeburt". Masaccio, Piero della Francesca, Leonardo da Vinci und Michelangelo waren Renaissance-Künstler.

Pierre Auguste Renoir (1841-1919, Franzose) war einer der führenden Impressionisten. Er malte vor allem Menschen und versuchte vielmehr einen Gesamteindruck wiederzugeben, als minutiöse Details.

Mark Rothko (1903-1970, Amerikaner), gebürtiger Russe, lebte und arbeitete als abstrakter Expressionist in Amerika. Durch Farben und Formen drückte er Stimmungen und Gefühle aus, statt sich mit gegenständlichen Motiven zu befassen.

Albert Pinkham Ryder (1847-1917, Amerikaner) lebte überwiegend in New York, obwohl er oft das Meer oder phantasievolle, traumhafte Themen als Motive wählte. Seine Gemälde beeinflußten viele moderne, amerikanische Maler.

Georges Seurat (1859-1891, Franzose) erfand den Pointillismus (ungemischte Farben werden punktförmig nebeneinander gesetzt). In seinem kurzen Leben malte er zahlreiche großformatige Kompositionen, die meist Menschen in der Freizeit, Landschaften und das Meer darstellen.

Peggy Somerville (1918-1975, Britin) wurde vor allem bekannt wegen der selbstbewußten Zeichnungen, die sie bereits als Kind anfertigte. Sie malte und zeichnete stets nach ihrer Phantasie. Ihre Lieblingsmotive waren Landschaften mit Zigeunern, Pferden und Kühen.

Georges de La Tour (1593-1652, Franzose) war berühmt für die dramatische Kerzenlichtstimmung, die er in seinen Gemälden erzeugte. Die alltäglichen Motive und religiösen Themen, die er darstellte, wirken äußerst realistisch, wenn auch schlicht.

Joseph Mallord William Turner (1775-1851, Brite) war ein bedeutender Maler von Landschaftsbildern und Seestücken, dessen Hauptinteresse der Darstellung des Lichts bei Sturm, Feuer und Sonnenuntergang galt.

Vincent van Gogh (1853-1890, Niederländer) zog nach Frankreich, wo er viele seiner ausdrucksvollsten Bilder malte. In den acht Jahren vor seinem Selbstmord schuf er zahlreiche Landschaftsbilder, Porträts und Stilleben, die vor allem Farbenfreude und Bewegung auszeichnet.

Diego Rodriguez de Silva y Velazquez (1599-1660, Spanier) spezialisierte sich auf die Porträtmalerei. Er malte vor allem die spanische Herrscherfamilie und andere höfische Personen. Berühmtheit erlangte er aufgrund der wunderbaren Effekte, die er trotz unspektakulärer Pinselführung und gedeckter Farben erzielte.

Edouard Vuillard (1868-1940, Franzose) war ein Freund Bonnards. Er lebte in Paris, wo er stille, gefühlvolle Alltagsszenen malte, die erfüllt von feinen Mustern und Farben sind.

Emmanuel de Witte (1617-1692, Niederländer) malte vor allem Alltagsszenen, die sich in äußerst realistisch wirkenden Interieurs abspielen. Die meisterliche Darstellung von Licht und Schatten erzeugte den Eindruck von Räumlichkeit, und die abgebildeten Figuren erzählen oft eine einfache Geschichte.

Über die Künstler, Band Zeichnen

Edward Ardizzone (1900 - 1979, Brite) wurde als Illustrator von Kinderbüchern bekannt, von denen er einige auch selbst schrieb. Im zweiten Weltkrieg war er als Künstler tätig, der das Leben der Soldaten zeichnerisch festhielt.

Léon Bonvin (1834 - 1866, Franzose) wuchs in Armut auf. Obwohl er und sein Bruder François kostenlos an einer Pariser Malschule lernten, war Léon weitgehend Autodidakt. Da er seinen Lebensunterhalt als Maler nicht verdienen konnte, eröffnete er ein Restaurant in Plaisance, das von vielen Künstler der Gegend besucht wurde. 1866 erhängte er sich im Wald von Meudon.

Sonia Boyce (geb. 1962, Britin) ist eine bekannte junge Künstlerin, die schon auf vielen Ausstellungen zu sehen war. Ihre Werke befassen sich meist mit persönlichen Themen.

Mary Cassatt (1845 - 1926, Amerikanerin) ließ sich 1868 in Paris nieder, wo sie zusammen mit Impressionisten ausstellte. Sie war mit Berthe Morisot und Eduard Manet befreundet. Ihre Bilder zeigen das Pariser Leben mit den Augen einer Frau.

Sarah Cawkwell (geb. 1950, Britin) zeigt mit ihrer Kunst Frauen bei der Hausarbeit, ein Thema, das nur selten von anderen Künstlern dargestellt wird.

John Constable (1776 - 1837, Brite) gehörte zu den führenden Landschaftsmalern seine Zeit. Er schuf seine Landschaftsbilder in seinem Atelier nach originalgroßen Zeichnungen und Farbskizzen, die er in der Natur fertigte.

Honoré Daumier (1808 -1879, Franzose) arbeitete als Karikaturist und satirischer Illustrator. In seinen Zeichnungen prangerte er das erbärmliche Leben der Armen im damaligen Frankreich an.

Edgar Degas (1834 -1917, Franzose) wurde vor allem mit seinen Bildern von Ballettänzerinnen und anderen Frauen berühmt. Er entstammte einer reichen Familie und brauchte nicht von seiner Malerei zu leben. Er konnte darum mehr mit seiner Kunst experimentieren als andere Künstler seiner Zeit.

Raoul Dufy (1877 - 1953, Franzose) malte in frischen Farben Themen wie Strandleben und Pferderennen. Neben Grafik und Malerei widmete er sich auch der Keramik und dem Stoffdruck. Ein lockerer Strich und einfache, dekorative Formen verleihen seinen Werken eine frische Ausdruckskraft.

Albrecht Dürer (1471 - 1528, Deutscher) war der Sohn eines Goldschmieds und einer der größten Zeichenkünstler in der Geschichte der Kunst. Berühmt sind vor allem seine detailgenauen Holzschnitte und Kupferstiche, und seine Zeichnungen und Gemälde zeigen die gleiche technische Meisterschaft.

Maurits Cornelis Escher (1898 - 1972, Niederländer) schuf merkwürdige Grafiken voller Details, die auf den ersten Blick sehr realistisch wirken. Betrachtet man sie näher, verwandeln sie sich in rätselhafte visuelle Puzzles, die nur schwer zu entwirren sind.

Henri Gaudier-Brzeska (1891 - 1915, Franzose) war ein hervorragender Bildhauer, der die letzten vier Jahre seines kurzen Lebens in London verbrachte, bevor er im ersten Weltkrieg im Alter von 24 Jahren fiel. In einer Serie von Zeichnungen, die er im Londoner Zoo anfertigte, hielt er die Anmut und Kraft der Tiere fest.

Anthony Green (geb. 1939, Brite) malt detailreiche häusliche Szenen, die oft sehr amüsant sind. In seinen Werken spielt er mit der Perspektive und verwendet ungewöhnlich geformte Leinwände.

Brian Grimwood (geb. 1948, Brite) ist ein Illustrator, dessen Arbeiten in aller Welt veröffentlicht werden. Er arbeitet meist mit Feder und Tusche oder mit Wasserfarben.

Hans Hofmann (1880 - 1966, Deutscher, wurde US-Bürger) gründete in den dreißiger Jahren eine Kunstschule in New York. Er führte eine Technik ein, bei der die Farbe in abstrakten Mustern auf eine Leinwand gegossen oder geträufelt wird und die später von dem amerikanischen Maler Jackson Pollock berühmt gemacht wurde.

Paul Hogarth (geb. 1917, Brite) wurde vor allem mit seinen Bildern ferner, exotischer Orte bekannt. Er illustrierte die Werke vieler berühmter Schriftsteller und verfaßte auch selbst Bücher.

Victor Hugo (1802 - 1885, Franzose) wurde mit Romanen wie *Die Elenden* weltberühmt. Manchmal bebilderte er seine Werke auch selbst.

Jean August Dominique Ingres (1780 - 1867, Franzose) war der Sohn eines Künstlers. Sein Vater erkannte seine außergewöhnlich Begabung und schickte ihn schon mit 11 Jahren an eine Kunstakademie. Ingres lebte lange Jahre in Italien und wurde als Porträtmaler berühmt. Er war überzeugt, daß Zeichentalent die Grundlage jeder großen Kunst sei.

Zdenka Kábatová-Táborská (geb. 1933, Tschechin) verwendet Holzschnittechniken in ihrer Kunst. Sie schuf zahlreiche Illustrationen für Bücher, insbesondere Märchen und Kinderbücher. Sie lebt und arbeitet in Prag in der Tschechischen Republik.

Ernst Ludwig Kirchner (1880 - 1938, Deutscher) war Maler, Bildhauer und Grafiker. Er war ein führendes Mitglied der Künstlervereinigung „Brücke", einer Gruppe deutscher Expressionisten.

Paul Klee (1879 - 1940, Schweizer) experimentierte mit Mustern von Linien und Formen und schuf fantasievolle Werke von sehr poetischer Heiterkeit. Er beschrieb seine Arbeit als „mit einer Linie spazierengehen".

Oskar Kokoschka (1886 - 1980, Österreicher) lebte meist in Deutschland, wo er zu einer führenden Figur der Kunst des 20. Jahrhunderts wurde. Er lehrte am Bauhaus, der berühmten Kunstschule in Weimar. In seinem Werk beschäftigte er sich viel mit den Ängsten und Fantasien des modernen Lebens.

Fernand Léger (1881 - 1955, Franzose) stellte das moderne Leben mit lebhaften Farbflächen und kräftigen schwarzen Konturen dar. Seine Motive stammen aus der Welt der Technik und der Städtearchitektur.

Leonardo da Vinci (1452 - 1519, Italiener) war berühmt nicht nur als Maler und Bildhauer, sondern auch als Naturforscher, Musiker und Erfinder. Seine faszinierenden Skizzenbücher sind voller Notizen und Zeichnungen auf all diesen Gebieten.

Roy Lichtenstein (geb. 1923, Amerikaner) ist wegen seiner großformatigen comicähnlichen Bilder berühmt. Die Punkte und Linien, aus denen ein Bild drucktechnisch besteht, werden in seinem Werk grob vergrößert.

Henry Moore (1898 - 1986, Brite) gehört zu den bedeutendsten Bildhauern des 20. Jahrhunderts. Seine Skulpturen des menschlichen Körpers basieren auf natürlichen Formen wie Kiesel, Knochen und Muscheln. Er schuf auch eine große Zahl von Grafiken, darunter Skizzen, die er später zu Skulpturen verarbeitete.

Giorgio Morandi (1890 - 1964, Italiener) verließ Zeit seines Lebens seine Heimat nicht. Er malte vor allem Stilleben, insbesondere Flaschen-Arrangements. Von seinem Werk geht eine Stille aus, die sich von der Schnellebigkeit seiner Zeit abkehrt.

Pablo Picasso (1881-1973, Spanier) lebte und arbeitete in Frankreich. Mit einem anderen Künstler, Georges Braque, entwickelte er einen neuen Kunststil, den Kubismus, bei dem der Bildgegenstand in geometrische Formen zerlegt wird, so daß mehrere Ansichten gleichzeitig zu sehen sind. Picasso gehörte zu den einflußreichsten Künstlern des 20. Jahrhunderts.

Rembrandt van Rjin (1606 - 1669, Niederländer) hatte als Porträtmaler großen Erfolg. Seine Selbstbildnisse, von denen er sehr viele malte, zeigen ihn in allen Phasen seines wechselvollen Lebens. Er schuf auch viele Gemälde von seiner Frau Saskia und mit biblischen Themen.

Nagasawa Rosetsu (1754 - 1799, Japaner) war ein Meister freier, schneller Pinselstriche. Er schuf kühne und ausdrucksstarke Bilder. Viele seiner Werke stellen Tiere dar.

Peter Paul Rubens (1577 - 1644, Flame) war Hofmaler in Italien und den Niederlanden. Er schuf große Kompositionen über verschiedenartige Themen, doch selbst in einer einfachen Zeichnung zeigte er Licht und Form auf eine Weise, die voller Leben ist.

Ben Shahn (1898 - 1969, Littauer, wurde US-Bürger) kam aus einer Familie von Tischlern, Holzschnitzern und Töpfern, die ihm ein starkes Interesse am Kunsthandwerk vererbten. Viele seiner Bilder behandeln soziale und politische Themen.

George Sklar (1905 - 1968, Amerikaner) wurde in Philadelphia geboren, wo er auch studierte und später lehrte. Der Bildhauer, Designer und Maler, der sich auf Tierdarstellungen spezialisierte, erhielt1932 anläßlich einer Ausstellung in der École des Beaux Arts in Paris einen Preis.

Stanley Spencer (1861 - 1959, Brite) verbrachte sein Leben fast nur in dem englischen Dorf Cookham, wo er geboren wurde. Einige seiner berühmtesten Werke sind Szenen aus dem Leben in Cookham als Hintergrund für biblische Darstellungen.

Francis Unwin (1885 - 1925, Brite) war Maler und Grafiker, der vor allem Landschaften und architektonische Themen malte.

Vincent van Gogh (1853 - 1890, Niederländer) wurde in den Niederlanden geboren, ließ sich aber um 1880 in Paris nieder. Seine Gemälde und Zeichnungen zu allen möglichen Motiven sind direkt und einfach, doch auch kraftvoll und leidenschaftlich.

John Virtue (geb.1947, Brite) lebte lange Jahre in einem Dorf in Lancashire. Er ließ sich von seiner Umgebung zu großen Werken inspirieren, die aus vielen einzelnen Tuschfederzeichnungen zusammengesetzt sind. Heute lebt und arbeitet er in Devon.

Register

Register

Bildnachweis und Danksagung

Dorling Kindersley war nach Kräften bemüht, alle Copyright-Inhaber der in diesem Buch abgebildeten Gemälde ausfindig zu machen und entschuldigt sich im voraus für eventuelle, unbeabsichtigte Versäumnisse. Wir sind gerne bereit, den Bildnachweis bei der nächsten Auflage zu berichtigen.

Schlüssel:
o: oben, **u**: unten, **r**: rechts, **l**: links, **m**: Mitte

Teil 1: Malen
Bibliotheque Nationale, Paris **6ul**, The Bridgeman Art Library, London **4om**/Louvre, Paris/Giraudon **28ul**; Jane Burton (Hahn) **21ur**; Dallas Museum of Art/The Wendy and Emery Reves Collection **29or**; Mary Evans Picture Library **28or**; Glasgow Museums Art Gallery & Museum, Kelvingrove/ *Frau in Blau mit Kind*, 1899, Edouard Vuillard, ©DACS 1993, **23or**; Andy Crawford, **4ul**, **32l** (2. Junge); Rebecca Hossack Gallery **9ur**; The Image Bank/Steve Dunwell **23ul**; reproduziert mit der freundlichen Genehmigung von The Trustess of The Edward James Foundation, West Dean Estate, West Dean, Chichester, England/ Serpentine Gallery Dez-Jan 1992, ©1993, Leonora Carrington/ARS, New York **39o**; Colin Keates **6l**, **22ol**; Kunsthistorisches Museum, Wien **l5or**; ©1993, The Metropolitan Museum of Art/Vermächtnis Stephen C. Clark, 1960, **13u**/Schenkung von Cornelius Vanderbilt, 1887, **24ul**/Vermächtnis von Mrs. H.O. Havemeyer, 1929, The H.O. Havemeyer Collection **21ul**; reproduziert mit der freundlichen Genehmigung der Nachlaßverwalter, The National Gallery, London **4m**, **35ol**; National Gallery of Art, Washington, ©1993 Kate Rothko-Prizel und Christopher Rothko/ARS, New York **16ul**; National Museum of Modern Art, Tokio **36ul**; National Museum of American Art, Washingon, D.C./Art Resource, NY, **14ul**; Sir Siney Nolan, OM RA, *Kelly und Leutnant Kennedy*, 1945, synthetisches Polymergemälde auf Karton mit Papierkollage 63,6 x 76,4 cm, Sammlung: Nolan Gallery, Canberra, Australien, **38ul**; Jacqueline Percy **39ur**; *Skizzenbuch 172: Interieur mit Künstler und Pavian, einer den anderen malend*, 1964, Pablo Picasso, ©DACS 1993, **18ul**; Susanna Price **6or**; Pierre Auguste Renoir, *Die Schaukel*, ©Foto R.M.N. **13or**; Tim Ridley **21ur** (Muschel und Teekanne) Royal Academy of Arts, London, **22ur**, **26u**/*Boote im Hafen von Collioure*, 1905, Andre Derain ©ADAGP, Paris und DACS, London 1993, **11ol**/Den Haag **32ul**/Sammlung William A. Plapinger und Kathleen J. Murray **34ul**/Statens Museum, Kopenhagen **17or**/John Theobold **4ur**; Royal Asiatic Society **21or**; The Royal Collection ©1993, Ihre Majestät Königin Elizabeth II **18ur**; Scala **31o**; *The Child Art of Peggy Somerville*, veröffentlicht von Herbert Press, London **19or**; Southampton City Art Gallery, *Zwei Hunde*, 1891, Pierre Bonnard, ©ADAGP/SPADEM, Paris und DACS, London 1993, **20ul**; Carl Shone **23or**; Steve Shott **32m** (1. und 3. Junge); Tony Stone Images **33ol**, **38or**, **36-37u**; Tate Gallery, London **37ol**; Sammlung Thyssen Bornemisza/*Metropolis*, 1916-17, George Grosz, ©DACS 1993, **33or**; Sammlung Mrs. John Hay Whitney **25ol**; Peter Wood **9or**; Jerry Young **21ur** (Pfau und Elefant).

Teil 2: Zeichnen
Addison Gallery of American Art, Phillips Academy, Andover, Massachussetts. All Rights Reserved. Hans Hofmann, *Colour Intervals at Provincetown*, 1943, Tinte und Kreide auf Strukturpapier, 11 x 14 in, 1948. 13. **50u**; ©Edward Ardizzone, aus *The Glass Peacock*, *The little Bookroom* von Eleanore Farjeon, Genehmigung des Autors liegt vor **73ur**; Photos ©1994 The Art Institute of Chicago. All Rights Reserved. Jean-Auguste-Dominique Ingres, Franzose, 1780-1867, *Charles François Mallet, Civil Engineer*, Graphit, auf cremefarbenen Strukturpapier, 1809, 26,8 x 21,1 cm, Charles Deering Collection, 1938. 166. **62ur**/Edgar Degas, Franzose, 1834-1917, *Drei Studien einer Tänzerin in der vierten Position*, Kohle, Pastellkreide und Wasserfarbe, zum Teil verwischt, mit Pinselstrichen auf gelbbraunem Papier mit blauen Fasern (farblich verändert aus rosablau), um 1879/80, 46 x 61,5cm, Legat von Adele R. Levy, 1961-73 **64or**/Honoré Daumier, Franzose, 1808-1879, *Familienszene*, Bleistift und schwarze Tinte und Pinsel mit grauen Verwischungen, auf elfenbeinfarbenem Strukturpapier (farblich verändert in cremefarbenes), um 1867-70, 21,6 x 20,5cm, Helen Regenstein Collection, 1965. 633 **64ur**; Collection Arts Council of Great Britain, South Bank Centre, London **75**; BFI Stills, Posters & Designs/©MCA Universal **73or**, **ml**; Bibliothèque Nationale/Michèle Jacqinet **72or**; Biblioteca Reale, Turin **48or**; British Museum **40ur**, **68mr**; Sarah Cawkwell **65o**; ©1994 M.C. Escher/Cordon-Art-Baarn-Holland. All Rights Reserved **54ul**; Gimpel Fils Gallery **55or**; Graphische Sammlung Albertina, Wien **69o**; Anthony Green, Piccadilly Gallery, London **61o**; Brian Grimwood **55ur**; Paul Hogarth/Folio **71r**; Imperial War Museum, London, Stanley Spencer, *Shipbuilding on the Clyde*, **74ml**, **ul**; *The Independent*, Robert Hallam **68um**; Zdenka Kabátová-Táborská, *Evening of Fairytales*, J. Hadislav, Albatross, Prag 1992 **56ml**; Fernand Léger *The Birthday*, 1950, ©DACS 1994 FC, **52ul**; Okamoto Masanori, Wakayama **24ur**; Musée d'Art Moderne de la Communeauté Urbaine de Lille, Villeneuve d'Ascq. Donation Geneviève und Jean Masurel, Pablo Picasso, *Kopf eines Mannes*, 1912 ©DACS 1994 **41mr**; The Nelson Atkins Museum of Art, Kansas City, Missouri (Kauf: Erworben mit der großzügigen Spende eines Unbekannten) F77-33. Pastellzeichnung der Amerikanerin (lebte in Frankreich) Mary Cassatt (1845-1926), *At The Theatre (Woman in a Loge)*, um 1879. Pastell auf Papier 55,4 x 46,1 cm **51o**; Philadelphia Museum of Art: Geschenkt von Mrs. Edith B. Thompson, Georges Sklar, Racoon, 1947 **66ml**; ©Photo R.M.N., Léon Bonvin, *Stilleben*, **42ur**; Ben Shahn, *National Pastime und Out*, 1956 ©Estate of Ben Shahn/DACS, London/VAGA, N.Y. 1994 **66-67u**; Städelsches Kunstinstitut, Frankfurt a. M. Photos: Ursula Edelmann, Frankfurt a. M. **47or**; Tate Gallery, London **49**, **45mr**, **47ml**, **68or**/Raoul Dufy, *Offenes Fenster bei Saint Jeannet*, um 1926-7 ©DACS 1994. **25or**/Oskar Kokoschka, *Tower Bridge*, 1967 ©DACS 1994 **70ul**; Giorgio Morandi, Stilleben ©DACS 1994 **60ul**/Roy Lichtenstein, *Whaam*, ©Roy Lichtenstein/DACS 1994 **67o**, **m**; Victoria und Albert Museum **48u**; Sammlung Vincent van Gogh Foundation/Van Gogh Museum, Amsterdam **46m**; Graham L. Walsh, Takarakka Rock Art Research Centre **40or**.

Die Autorinnen bedanken sich bei folgenden Personen für ihre Unterstützung: Sue Unstead, Linda Cole, Mary Anne Stevens, Ally Scott, Paula Kitt, Sara Gordon, Lisa Bass, Gina Slade, Peter Feroze, Helen Valentine, Amma Lindsey, Sue Carpenter, Tim Curle, Alec Chanda, Jill Bennett, Claire Biggart, Liz White, Penny Konig, Marilyn Barnes, Felix Hilton, John Theobold und den Kindern der Thomas Preparatory School, The Unicorn School, Grinling Gibbons School, St. James's Independent School, Hernry Fawcett Primary Schools.

Dorling Kindersley dankt Cornelissen für die Leihgabe des Spachtels, Sharon Peters, Jane Horne, Sara Nunan, Monica Byles, Stella Love, Dawn Sirrett, Mandy Earey und Jonathan Buchley für ihre Unterstützung bei der Herstellung dieses Buches und Marvin Campbell, Pui-Shan Chan, Stacie Terry, Andrew Abello, Joseph Duncombe, Andrea East, William Lion, Annette Afflick, Danny Cole, Darren Chin und Katie King für die Erlaubnis, sie abbilden zu dürfen.
Weiterhin dankt Dorling Kindersley Gill Mitra, den Lehrern und Schülern der Rhodes Avenue Primary School, London; Claire Archer bei Designhilfe; Bev Brennan für Zeichnungen auf den Seiten 48, 62 und 69; Jane Gifford für die Zeichnungen auf Seite 54; Ann Kay für „Über die Künstler" auf Seite 77; Lynn Bressler für den Index und Jerry Young für die Photos auf den Seiten 71(r) und 75.